岡山・倉敷

こだわりの美食GUIDE

至福のランチ&ディナー

Word inc. 著

Mates Publishing

はじめに

料理人の技と、感性が光る極上の料理。
その滋味を引き立てるのは、
店の設えや雰囲気、
そして選び抜かれた食材の数々。
そんな〝美食〟を五感で堪能できる
50店を厳選しました。

大切な記念日や、お祝い、
おもてなしの席はもちろん、
ちょっとぜいたくな気分を味わいたい日の
お店選びに、ぜひ。

2 はじめに

4 コンテンツ

6 エリアマップ

8 本書の使い方

風景や設えに自信あり

10 Matsumura

14 キャンドル卓 渡邉邸

18 きたかど

20 はしまや

22 桜草

24 Repondre Haruya

26 ふや平

28 PESCE LUNA

30 仙太鮨

32 八間蔵

34 コラム1 岡山の地酒「日本酒」

一度は訪れたい

36 essere cucina italiana

40 藤ひろ

42 MIZUOCI

44 西川荘

46 MARU

48 VIGNETTE

50 桜川

52 Croissance

54 一扇

56 天婦羅たかはし

58 多幸半

60 娘娘

62 山部

64 コラム2 岡山の地酒「ワイン」

気取らずリラックスして

66 Lionni
70 椿
72 O'GUSTA
74 廣珍軒
76 al bacio
78 小むら
80 il ViLLaGgIo
82 L'Escalier
84 華菜家
86 煉天地
88 星のヒカリ
90 Swan
92 京ひろ
94 コラム3 岡山の地酒「ビール」

カウンターは特等席

96 錦と吟
98 MATSU
100 吉晶
102 La Bonne Franquette
104 あおい
106 はすのみ
108 sobabar 水谷
110 ひがし田
112 和の心 今川
114 福寿司
116 コラム4 岡山の地酒「焼酎&リキュール」

こだわり食材のスペシャリテ

118 慈恩精舎
120 武野屋
122 保乃家
124 Premier
126 インデックス

岡山市中心

福寿司
(P114)
小むら(P78)
MATSU
(P98)
岡山県立
美術館
後楽園
VIGNETTE
(P48)
藤ひろ(P40)
ICOTNICOT
ビックカメラ
西川緑道公園
柳川
城下
ホテルエクセル岡山
岡山駅前
桃太郎大通り
広島銀行
はすのみ
(P106)
al bacio
(P76)
岡山
シンフォニー
ビル
岡山市民会館
岡山城
岡山タカシマヤ
華菜家
(P84)
吉晶(P100)
MARU(P46)
旭川
NTT
クレド岡山ビル
郵便局前
県庁通り
日本銀行
林原美術館
ふや平
(P26)
桜川(P50)
イオンモール岡山
県庁通り
県農業会館
岡山ロッツ
中国銀行
本店
岡山県立図書館
岡山中央
郵便局
MIZUOCI(P42)
岡山市立
幸町図書館
西川緑道公園
sobabar水谷
(P108)
岡山天満屋
岡山県庁
田町
Croissance
(P52)
あくら通り
一扇(P54)
新西大寺町筋
西大寺町
あおい
(P104)
西川荘(P44)
essere
cucina italiana
(P36)
O'GUSTA(P72)
廣珍軒
(P74)
中納言
La Bonne Franquette
(P102)
大雲寺前
錦と吟(P96)
東山
岡山市役所
山陽
53
250

岡山市郊外

朝日塾中等教育学校
71
↑津山
宇甘西
郵便局
たけべの森
ゴルフ倶楽部
Matsumura
(P10)
31
吉備中央町
くぼ農園
御津高津郵便局
岡山空港
津山線
53
法界院
岡山大学
山陽新幹線
県総合グラウンド
吉備津
備前一宮
吉備線
180
Lionni
(P66)
西川原
高島
山陽本線
東岡山
岡山中央
警察署
慈恩精舎
(P118)
備前三門
岡山
岡山城
大多羅
赤穂線
西大寺
大安寺
天婦羅たかはし
(P56)
岡山東警察署
中国学園大学
北長瀬
大元
岡山国際
ホテル
天満屋
ハピータウン
山陽本線
庭瀬
岡山西バイパス
備前西市
L'Escalier
(P82)
2
バイパス
百間川
Repondre Haruya
(P24)
吉井川
180
il ViLLaGglo(P80)
旭川
宇野線
瀬戸大橋線
30
椿(P70)
妹尾
備中箕島
カバヤゴルフ
児島湾
笹ケ瀬川
きたかど
(P18)
岡山ガス
岡南飛行場
児島湖

倉敷市中心

中島エリア

玉島エリア

児島エリア

本書の使い方

1 カテゴリ

お店の特徴をもとに、以下のカテゴリで分けて紹介しています。

- 風景や設えに自信あり
- 一度は訪れたい
- 気取らずリラックスして
- カウンターは特等席
- こだわり食材のスペシャリテ

2 店名・ジャンル・エリア

店名とよみがな、料理のジャンル、エリアを記載しています。

3 本文

実際に取材した内容を記載しています。
季節によって内容が変わる場合があります。

4 写真

メニュー内容や店内の雰囲気を写真でお伝えします。

5 おすすめメニュー

オススメのメニューを紹介しています。

6 Shop Data

お店の情報について、以下の通り紹介しています。

住 住所　TEL 電話番号　時 営業時間
休 定休日　席 座席　P 駐車場台数
C クレジット　予 予約　喫 喫煙　交 交通

7 アクセスMAP

お店周辺の簡略化した地図を掲載しています。

注意事項

□本書に記載してある情報は、2019年2月現在のものです。　□価格は税込み(8%)表記です。税率の変動によって価格が変わる場合があります。
□お店の移転、休業、閉店、または料金、営業時間、定休日など情報に変更がある場合もありますので、事前にお店へご確認のうえお出かけください。

Category 1

風景や設えに自信あり

窓からの眺めや、美しく手入れされた庭。
古民家や町家を生かした造りなど、自慢の風景、設えを
食事と合わせて楽しみたい。

風景や設えに自信あり

地の恵みを味わう
里山のリストランテ

懐かしい里山のロケーションと、
季節の地域食材を生かした
イタリアの郷土料理の数々。
一期一会の感動的な美食と共に
ゆったりと幸福なひと時を。

イタリア料理

Ristorante Matsumura《マツムラ》

岡山市北区御津紙工

窓から里山風景を一望。内装はオーナー夫妻によるDIY

牛肉を香草の入ったオリーブオイルと塩に漬けて熟成させた「カルネサラータ」

元々は大阪で人気のリストランテを経営していたオーナーシェフの松村さん。料理人としての新たなステージを求めて岡山市の御津地区に夫婦で移住し、自然豊かな里山を舞台にした完全予約制の店を２０１３年にオープンさせた。「土地の食の恵みを生かした、ここでしか味わえない料理」をテーマに、できるだけ自家製にこだわった伝統的なイタリアンを提供している。

料理には、自家菜園で育てた自然農の野菜をはじめ、周辺の山や川で育まれた食材を自ら調達して使う。山菜からスッポンやナマズなどの川魚、シェフ自ら仕留めてさばくイノシシやシカなどのジビエまで、その時期に手に入る食材に合わせてメニューを考案。現地イタリア仕込みのディープな郷土料理をベースに、地元食材の力強い風味が引き立つよう全工程に手間暇をかけ、店ならではの味に仕上げている。自然と食への慈愛に満ちた料理を、美しい里山の風景と共にじっくりと味わいたい。

2

1

4

3

1 きめ細かな肉質で、脂身までおいしい白金豚を低温でじっくりローストし、上品なうま味を引き出した一皿。自家製の青トマトジャムを添えて

2 白と濃茶を基調にした店内。木目と漆喰壁、アンティークの家具が落ち着きとあたたかみをプラス。周囲の風景になじむシンプルな空間

3 茨城産ホロホロ鳥の肉を中に詰めたラビオリの一種アニョロッティ。卵黄を使った自家製麺に、自家菜園で採れた菊芋のソースを合わせて

4 リンゴとドライフルーツを薄い生地で巻いて焼いたオーストリアの郷土菓子「シュトゥルーデル」と、マロングラッセを使ったまろやかなアイス

More Menu

ランチメニュー

ランチコース 4,000円、6,600円、8,800円

※食後のドリンク付き　※品数や内容は異なる場合あり

ディナーメニュー

ディナーコース 6,600円、8,800円、11,000円

※食後のドリンク付き　※品数や内容は異なる場合あり

Shop Data

Ristorante Matsumura

住 岡山市北区御津紙工2848

TEL 086-737-4441

時 11:30～LO13:30、18:00～LO20:30
※完全予約制（3日前まで）

休 不定休

席 テーブル8席

P 4台　C 可

予 予約制（3日前まで）

喫 禁煙

交 JR「金川駅」から車で約18分

フランス料理

キャンドル卓《きゃんどるたく》 渡邉邸《わたなべてい》

倉敷市中央

キャンドルの灯りの中
五感で味わう
季節のフレンチ

大正時代の蔵とキャンドル。
和と洋が織りなす空間でいただくのは
地元食材を使った創作フレンチ。
柔らかな灯りに包まれて
穏やかなひとときを。

ホール中央に飾られるのは、キャンドルグラスのシャンデリア

旬魚を使ったポワソン（魚料理）。サワラをレモンバターソースでいただく

倉敷市のキャンドルメーカー「ペガサスキャンドル」が運営する「キャンドル卓　渡邉邸」。「日々の暮らしの中でキャンドルを身近に感じてもらえるよう、きっかけとなる場を提供したい」と、大正時代の蔵を改装し、2階でショップ、1階でレストランを営む。

こちらでは、フレンチをベースにした季節の創作料理がコースでいただける。長年ホテルで経験を積んだ中嶋シェフが振る舞う料理は、見た目の美しさはもちろん、口にした瞬間に驚きや発見があるのも人気の理由。地元食材を中心に、調理に手間をかけ、工夫をこらしたアレンジで客をうならせる。

基本的には、食卓用キャンドルの灯りのみで営業するが、ガラス張りの窓から中庭が望める昼と、キャンドルグラスの色や灯りが一層際立つ夜とでは、全く異なる雰囲気を味わえる。完全予約制なので、空間と料理をゆっくりと堪能しながら、心に残る時間を過ごせそう。

2

1

4

3

1 「ズワイ蟹 プティポワのカクテル」。グリーンピースのピューレや、パプリカのソースなど、味を想像してからいただくのも楽しみのひとつ

2 店内ではさまざまな種類のキャンドルが楽しめる。季節によってキャンドルグラスの色や、装花を変えているそう

3 ベシャメルソースとパルメザンチーズが香ばしい「オニオンキッシュグラタン」。料理について丁寧に説明してくれるのもうれしい

4 テーブルコーディネートも楽しみたい設えのひとつ。季節ごとにテーマを設けているという、入り口の装飾にも注目してみて

More Menu

ランチメニュー

シェフおまかせコース① 2,700円／シェフおまかせコース② 4,320円／グレードアップコース① 3,780円／グレードアップコース② 5,400円

※グレードアップコースはイベント期間中を除く

ディナーメニュー

シェフおまかせコース 4,860円／グレードアップコース 6,480円／プレミアムコース10,000円／キャンドルプレミアムプレート 3,240円

Shop Data

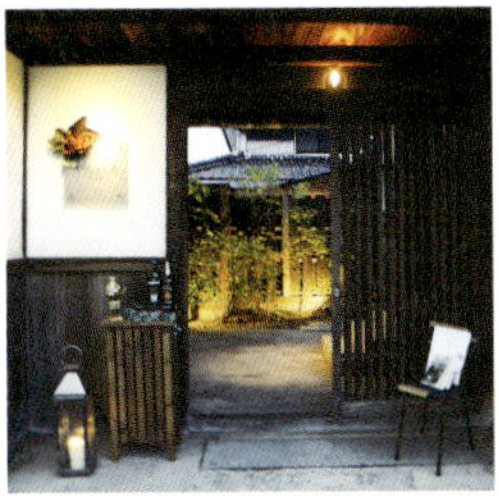

キャンドル卓 渡邉邸

住 倉敷市中央2-5-19
TEL 086-435-3930
時 11:30~14:00、18:00~22:00（ランチ・ディナー共に、前日21:00までの予約制。予約はHPから）
休 月・火曜（祝日、イベント開催時は除く）
席 ホール22席、離れ10席
P なし C 可
予 予約制 喫 禁煙
交 JR「倉敷駅」から徒歩12分

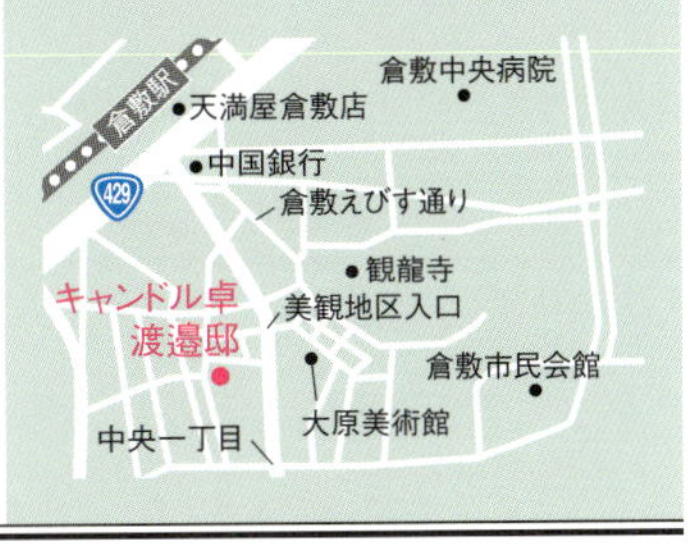

王道に独自の感性をプラス。
おまかせで味わう粋な現代和食

本日のお造り4種。繊細な技が光る盛り付けにも注目

日本料理

御料理 きたかど《きたかど》

岡山市南区浦安南町

岡南飛行場のほど近く、田園風景が残る閑静な場所にたたずむ隠れ家的な和食店。岡山や四国、京都で修業を積んだ料理人の北角さんが、地元の岡山で、２０１８年５月にオープンさせた。元々ギャラリーだったという庭付きの建物を、より親しみのあるナチュラルな和空間にアレンジ。空間の設えや、夫婦二人三脚の細やかな接客に「リラックスして心ゆくまで食事を楽しんでほしい」という想いが垣間見える。

職人肌の北角さんが目指すのは、王道を押さえながらも、しきたりにとらわれすぎない現代的な和食。ジューシーに焼き上げた肉料理や、お酒とも相性抜群の旬素材を使った炊き込みご飯など、普段は本格和食になじみが無い人にも分かりやすく、食べ応えのある料理を提供。だしの風味がさえる椀物や、洗練された盛り付けのお造りなど、定番ものにも端正な仕事ぶりが光る。丁寧な接客や、気さくで温かい雰囲気も魅力だ。

1 黒毛和牛のもも肉のステーキ。赤身肉の柔らかい食感とうま味を引き立てるのは、コクのある甘めのみそダレ。付け合わせ一つひとつの味も繊細

2 塗りの壁やラフに仕上げた木の質感、和紙や稲穂など、自然味あふれる素材を生かした内装。上品さが漂いながらも、気取らず食事を楽しめる

3 天然鯛やサワラといった旬の鮮魚を使い、上品に仕上げた「かぶら蒸し」。トロリとしたあんが口の中に広がり、深みのある味わいに

4 土鍋でふっくらと炊き上げた「ホタルイカと一寸豆の炊き込みご飯」。しょう油ベースの味付けにホタルイカのコクが調和した、ぜいたくな締めの一品

More Menu

ランチメニュー

平日のコース(約6品) 3,240円 ※3名以上から／
おまかせコース 5,400円、8,640円、10,800円

ディナーメニュー

おまかせコース 5,400円、8,640円、10,800円

Shop Data

御料理 きたかど

住 岡山市南区浦安南町138-1
TEL 086-897-2483
時 12:00～14:00、18:00～22:30
※完全予約制
休 水曜
席 カウンター4席、テーブル15席
P 2台(共同駐車場10台あり)
C 不可　予 予約制　喫 禁煙
交 岡山電気軌道「岡南飛行場」バス停から徒歩5分

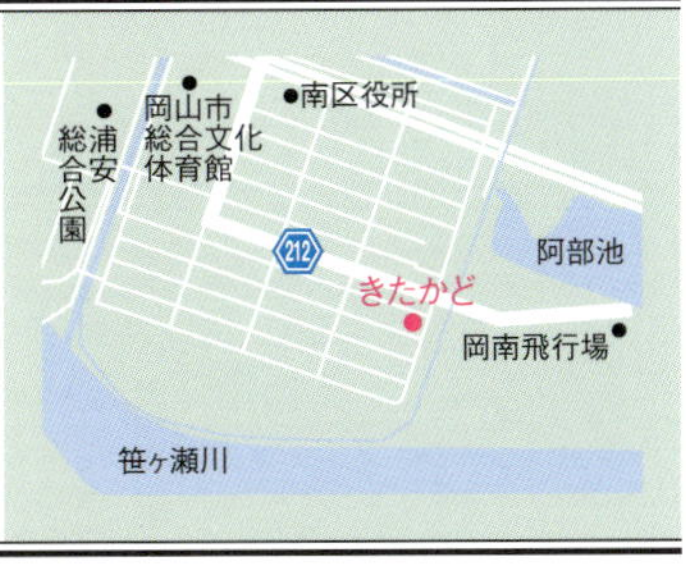

古民家の風情とともに味わう、シェフ渾身の華麗なるイタリアン

前菜、パスタ、メイン、デザートなど全6品が味わえる

トラットリア はしまや

倉敷市東町

　倉敷美観地区の旧街道沿いにあるイタリア料理店。築１００年以上の古民家を改装した和モダンな空間で、食材本来の味や香り、風味を生かした季節の品が味わえる。

　こちらで腕を振るうのは、神戸の名店で修業を積んだシェフ・楠戸伸太郎さん。岡山の豊かな土壌で育まれた旬菜を中心に、各地から食材を選りすぐり、シェフの感性で華麗な一皿へと昇華している。この日のディナーコースは、シャリシャリと歯ごたえのよい菊芋と柔らかなカリフラワーの食感のコントラストを生かした「塩タラのペーストと岡山県産の根菜のラザニア」、発酵マッシュルームの濃厚なうま味をストレートに楽しむ「発酵マッシュルームのカチョエペペ」、ジューシーな仔豚の肉を皮ごと焼いてうま味を閉じ込めた「イタリア産の乳のみ仔豚とちりめんキャベツのオーブン焼き」などが登場。一皿ごとに発見と感動のある美食を堪能したい。

2

1

4

3

1 シェフの手際よい仕事を見られる、オープンキッチンスタイル。調理される音、立ち込める香りなど、料理のおいしさを五感で楽しませてくれる

2 古民家の趣を残しながら、和モダンな空間に生まれ変わった店内。中庭が見える大きな窓、開放感のある吹き抜けの天井が優雅な雰囲気

3 素材との絡みがよいパスタを使い、一体感のある味に仕上げた「貝類と青菜のオレキエッテ」2,800円。ひと口ごとに春の香りがふわりと広がる

4 ワインソムリエでもあるシェフが料理ごとに最高のペアリングを提案。シャンパーニュや白・赤と豊富にそろうのもうれしい。グラスワイン1,000円～

More Menu

ランチメニュー

はしまやランチメニュー 1,800円（デザート、ドリンクのセットはプラス700円）／
はしまやスペシャルランチメニュー 5,000円

ディナーメニュー

季節の美味しい食材のみを厳選したシェフこだわりのコース料理 6,000円／単品 1,400円～
※単品のみの注文時は別途チャージ1人300円要

Shop Data

トラットリア はしまや

住 倉敷市東町2-4
TEL 086-697-5767
時 11:30～LO13:30、18:00～LO21:30
休 火曜
席 カウンター9席、テーブル18席
P 7台
C 可
予 予約可
喫 禁煙
交 JR「倉敷駅」から徒歩15分

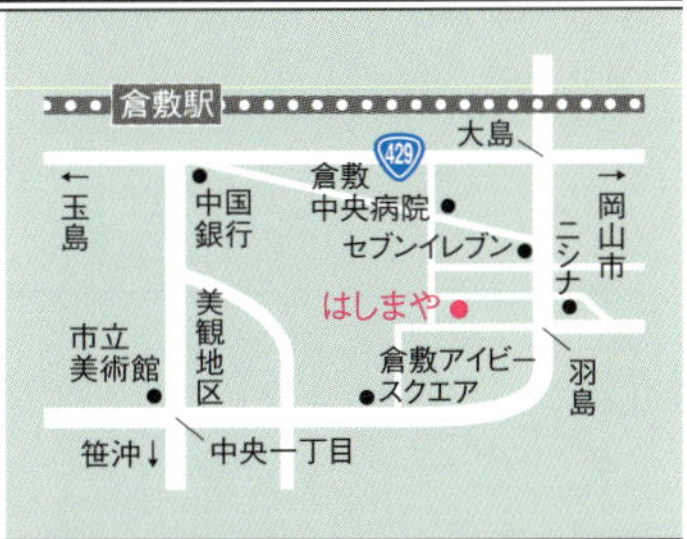

旬の地元食材を使った和食を
和モダンな空間でいただく

5,000円の会席料理。旬の地元食材が楽しめる

日本料理

桜草《さくらそう》

倉敷市本町

倉敷美観地区内にある町家を利用した和食店。開放的な吹き抜けの天井や、掘りごたつの座敷、広々としたテーブル席など和モダンな空間の中で、繊細かつ華やかな料理が味わえる。

「桜草御膳」をはじめとした3種類の御膳や「松花堂弁当」など昼のメニューが人気だが、特別な日には夜の会席をいただきたい。月替わりの内容で、食材は「旬のもの」「土地のもの」を重視して選ばれるため、季節ならではの地元の野菜や、瀬戸内の魚介が堪能できる。また日本料理の伝統を守り、丁寧に調理された繊細な料理は、味はもちろん、見た目でも楽しめる。さりげなく添えられた季節の花や、彩り鮮やかな付け合わせが、正統派の和食を華やかでモダンに演出する。和食と相性の良いワインや、県内外の日本酒など、ドリンク類も豊富にそろうので、記念日はもちろん、他県の人のもてなしや仕事の会合など、あらゆるシーンで利用したい。

2

1

4

3

1 その日の仕入れで内容が変わる「お造りの盛り合わせ」。食用のバラの花びらや、手作りのジュレなどで鮮やかに彩られる

2 2階にもテーブル席と座敷があるので、人数やシーンに合わせて使い分けたい。カウンター上にかかる提灯の照明が印象的

3 1階奥には掘りごたつの座敷席。普段は4~6名で利用できる個室だが、仕切りを外せば32名が収容できる大広間としても利用可能

4 その時の一番良い部位が使われる「和牛ステーキ」。肉の焼物は、会席では7,000円のコースから内容に含まれるが、単品での注文も可

More Menu

ランチメニュー

会席 3,500円～10,000円(要予約)／松花堂弁当 1,300円／桜草御膳 1,600円／穴子天重御膳 1,600円／茶そば御膳 1,400円／一品料理 600円～

ディナーメニュー

会席 3,500円、5,000円、7,000円(※8,000円～10,000円の場合は要予約)／一品料理 600円～

Shop Data

桜草

住 倉敷市本町3-11
TEL 086-426-5010
時 11:30~14:00(LO13:00)、17:30~22:00(LO21:30)
休 月曜、月に1回日曜不定休
席 カウンター10席、座敷・テーブル66席
P なし C 可
予 予約可
喫 昼は禁煙、夜は分煙
交 JR「倉敷駅」から徒歩10分

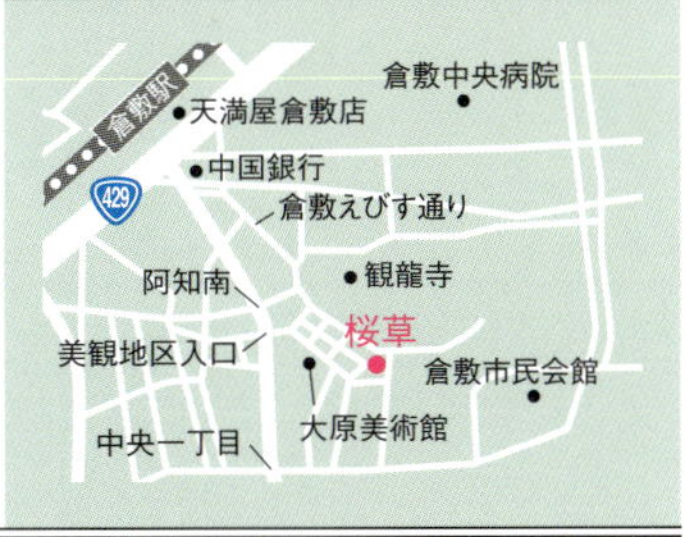

絶品のチーズ料理とワインを
気軽に楽しめるレストラン

チーズランチ。チーズに焼き色がつくとより香ばしい風味に。追いチーズも人気

フランス料理／イタリア料理

ワインとチーズの店 Repondre Haruya《ルポンドレ ハルヤ》

岡山市東区西大寺浜

岡山市郊外の、のどかな住宅地にたたずむ一軒家レストラン。オープンカフェのように明るくカジュアルな雰囲気の店内では、「ワインとチーズを味わう文化を身近に楽しんでほしい」と話すオーナーシェフこだわりのチーズ料理を堪能できる。チーズはヨーロッパのものを中心に約40種類を常備。季節や料理に合うチーズを厳選し、チーズの個性を生かす食材を追求している。パンも自家製というこだわりようだ。

　定番のチーズフォンデュから本格フルコース、子ども連れにも人気のピザやパスタなどメニューが豊富で、手作りスイーツも常時５、６種を用意。中でも専用グリルで溶かしたチーズを野菜や鶏肉にかけていただくチーズランチ１９４４円や、濃厚な風味が際立つラクレットチーズランチ２４８４円は、トロトロの食感と香り立つチーズの風味がぜいたくな逸品。ワインは60種をそろえ、ノンアルコールドリンクも充実。気取らない大人のランチ会にもおすすめだ。

1 フランス産フレッシュチーズや青カビチーズなど、珍しいものが登場する「チーズ5種の盛合わせ」1,296円。ワインと共に風味や食感の違いを食べ比べて

2 天井からも光が差し込むサンルームのような空間で、陽だまりに包まれながらゆったりランチタイムを。店内奥ではチーズなどを販売

3 「生ハムとチーズとくるみのサラダ」994円など、栄養素をバランス良く組み合わせた数種のパワーサラダを用意。ドレッシングも選べる

4 塩のジェラートと抹茶のチーズケーキ。自家製デザートセットは単品で670円、料理とセットの場合は540円。季節によって内容が変わる

More Menu

ランチメニュー

チーズランチ 1,944円／ラクレットチーズランチ 2,484円／パスタランチ 1,296円／プレートランチ 864円／ハルヤコース 1,944円／ピザランチ 1,080円

ディナーメニュー

チーズフォンデュコース 3,024円～／チーズフォンデュ単品（1人前）1,944円～／お誕生日・記念日コース 3,240円～

Shop Data

ワインとチーズの店 Repondre Haruya

住 岡山市東区西大寺浜166-1
TEL 086-942-2783
時 11:00～14:30、17:30～LO20:00（夜は要予約）※予約が無い場合は11:00～17:30
休 不定休
席 テーブル18席
P 8台 C 不可
予 予約可、夜は予約制 喫 禁煙
交 JR「西大寺駅」から車で約5分

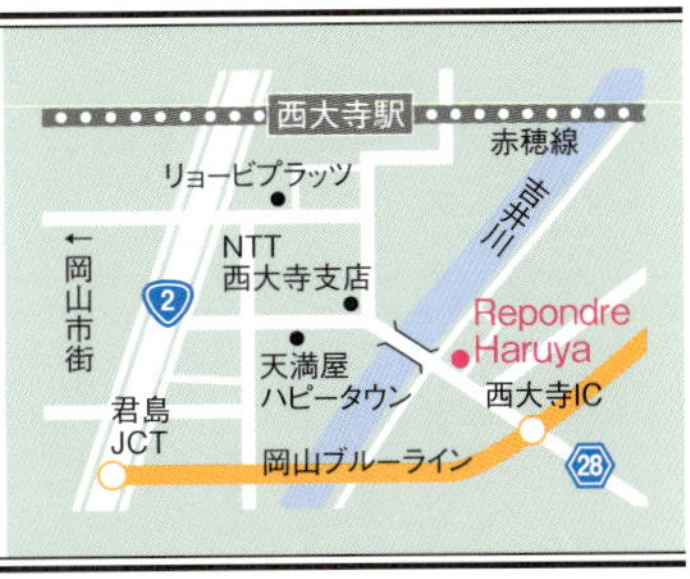

岡山城を眺めつつかみしめる 400年の歴史、伝統の技と味

かつて仏閣で提供していた精進料理は今も店頭で味わえる

日本料理

精進・懐石 ふや平《ふやへい》

岡山市北区丸の内

創業400年を誇る精進・懐石料理のふや平はその歴史の深さを物語るたたずまい。旭川のすぐそば、岡山城のお堀の淵にあり、すべての部屋から岡山城を望むことができるロケーションが人気だ。1階は和室となっていて小さな子ども連れの方にも。2階はテーブル席になっていて、可動式の壁を取って大広間として使うことも可能だ。法事や還暦、お食い初めといった親族が集まる席として幅広く利用できる。

京野菜と岡山産の食材を使い、古くから伝わる味と技法を現在も守り続ける。華美になりすぎず、細部にまで手間暇を惜しまない料理は日本人の心や日本の歴史、文化を感じさせる。代表的な一品として、「クルミの岩石煮」「香茸の甘露煮」などがあげられる。

完全予約制。大安などの日柄の良い日は予約が殺到することがあるので、日程が決まったらできるだけ早く問い合わせることをおすすめしたい。

1 寛永9年に藩主・池田光政と共に岡山へ来た商家の一つとされ、代々伝わる掛け軸には当時から調理屋であったことや茶道の心得、家訓などが示されている

2 明治42年から現在の場所に移転。周辺の雑踏から切り離された静かな環境にあり、どの部屋からも岡山城が眺められる

3 食の伝統を今に伝える、老舗ならではの会席料理。特別な日や大切な人のおもてなしにもおすすめ

4 お食い初めの祝い事として利用されることも多い。写真は男の子用の鯛付き「お食い初め膳」3,240円。小さな子ども連れは和室利用がおすすめ

More Menu

ランチメニュー

松花堂弁当 4,320円、5,400円／三段弁当 3,780円／小判弁当 3,240円／精進料理 5,400円～7,560円／ミニ会席 4,320円／会席料理 5,400円～16,200円

ディナーメニュー

精進料理 5,400円～7,560円／会席料理 6,480円～16,200円／お食い初め膳（鯛付き）3,240円／お子様用メニュー 1,080～3,780円

Shop Data

ふや平

住 岡山市北区丸の内2-5-2
TEL 086-222-6023
時 11:00～14:00、17:30～21:30
休 月曜
席 テーブル席最大34席
P なし
C 可
予 予約制
喫 喫煙
交 岡山電気軌道「県庁通り」電停から徒歩7分

暖かな日差しの中でいただく
“日本式”イタリア料理

魚介のアクアパッツァ。メインの魚介は日替わりで

イタリア料理

PESCE LUNA《ペーシェルーナ》

倉敷市阿知

倉敷美観地区「奈良萬の小路」内にあるイタリア料理店。和食料理店、魚屋という経歴をもつシェフによる、シンプルでありながらも個性が光る料理がいただける。

こちらでは、ランチ、ディナー共にコースで提供されるが、内容はすべて日替わり。「常連の方にも楽しんでもらえるように」と、地元の食材を中心にほぼ毎日仕入れを行い、メニューを考えるそう。中でも、旬のものから珍しいものまで豊富にそろうのが海の幸。魚屋時代の経験を生かし、確かな目利きで新鮮な魚介を仕入れる。さらにイタリア料理でありながら、どこか和の香りが感じられるのは、和食にも精通しているシェフならでは。みそやポン酢など日本の調味料を巧みに使い、オリジナルのソースを料理に合わせる。

庭に面して一面ガラス張りの店内からは、春には桜、秋には紅葉が楽しめる。季節の風景と合わせて、こだわりの一皿を味わいたい。

2

1

4

3

1 シンプルにトマトソースで味付けされたパスタは、2種類のチーズと絡めていただく。少し太めの麺は、よくかんで味わって

2 一面ガラス張りの窓から暖かな陽が差し込み、開放的な雰囲気。季節によってはテラス席も用意されるので、ぜひ利用してみて

3 豊富にそろうイタリア産のワインは、シェフが試飲して納得したものだけを仕入れているそう。料理とのペアリングを楽しみたい

4 真空低温で調理された鴨肉は、みそと粒マスタード、バージンオイルのソースで。相性の良い旬の野菜やスダチを付け合わせに

More Menu

ランチメニュー
ランチコース 1,200円～

ディナーメニュー
ディナーコース 3,000円、4,000円、5,000円～

Shop Data

PESCE LUNA

住 倉敷市阿知2-22-3 1F
TEL 086-421-9888
時 11:30~13:30、18:30~21:00
(※土・日曜・祝日のディナーは18:00~21:00)
休 月曜(祝日の場合は営業、翌日休。臨時休業あり)
席 カウンター6席、テーブル16席
P なし C 不可
予 予約可 喫 分煙
交 JR「倉敷駅」から徒歩10分

瀬戸内海の絶景とともに味わう
職人技がさえる江戸前にぎり

その日仕入れた極上のネタが8貫並ぶ「特上にぎり」

日本料理

仙太鮨《せんたずし》

倉敷市児島

創業から約半世紀の人気寿司店「仙太鮨」。カウンター席からは、季節や時間帯によってさまざまな表情をみせる瀬戸内海が一望できる。

絶好のロケーションを前にして味わえるのは、瀬戸内をはじめ、全国各地から取り寄せる旬の魚貝をネタにした寿司。正統派の江戸前寿司の技を継承する大将が握る寿司はどれも格別だが、特に自信を持っているのが「アジ」。鮮度の良さもさることながら、繊細で丁寧な下仕事を施されたアジは、青魚特有の臭みがまったくなく、光ものは苦手という人でも、「うまい」とうならせるほどの逸品。趣ある備前焼の皿で提供される「特上にぎり」は、その「アジ」をはじめ、煮穴子、ウニ、中トロなど、全8貫が登場。終日提供しているが、ランチタイムにはみそ汁と季節のフルーツが付くうれしいサービスもある。ぜひとも、遠方からの客人を連れていきたい倉敷自慢の一軒だ。

2

1

4

3

1 青魚の持つ奥深いコクとうま味を存分に感じられる自慢のアジ。鮮度の良さと、丁寧な下仕事により、臭みはまったくない

2 カウンター席は、瀬戸内の絶景をひとり占めできる特等席。手際のいい職人の手さばきも同時に楽しめる。人気席なので事前の予約がおすすめ

3 瀬戸内で水揚げされた穴子。ふっくら柔らかく煮た穴子は口に含んだ途端にとろけるよう。タレの甘辛さも絶妙

4 こだわりの玉子は極厚。あえて焼き色をつけてあり、やさしい甘さと、ほんのりと鼻に抜ける香ばしさがたまらない

More Menu

ランチメニュー

上にぎり 1,650円／特上にぎり 2,200円／
上ちらし 2,200円／おまかせ握り 4,350円
※ランチタイムはみそ汁とフルーツがサービス

ディナーメニュー

上にぎり 1,650円／特上にぎり2,200円／
上ちらし 2,200円／おまかせ握り 4,350円／
会席料理 6,480円～

Shop Data

仙太鮨

住 倉敷市児島下の町2-1576-73
TEL 086-473-6396
時 12:00～14:00、17:00～22:30（LO21:00）
休 月曜、第1･3火曜（祝日の場合は翌日、第1･3月曜が祝日の場合は翌火、水曜休み）
席 カウンター8席、テーブル28席
P 15台　C 可　予 予約可
喫 カウンターのみ禁煙
交 JR「児島駅」より車で10分

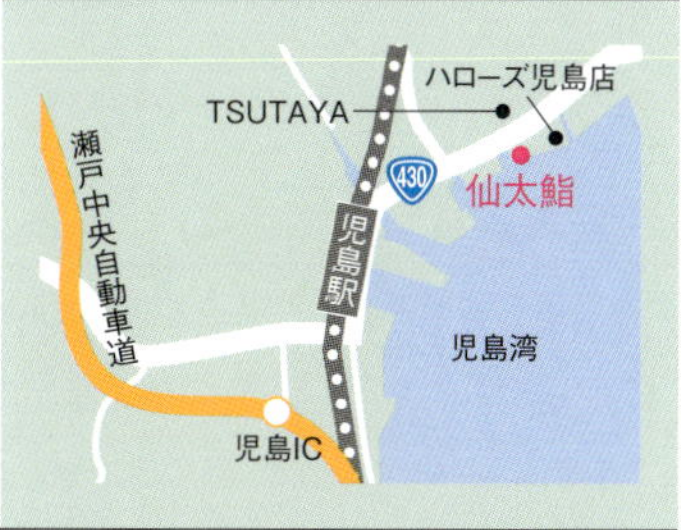

220年の時を経た風格と気品の中で
ホテルならではの上質フレンチを

終日提供の「メニュー・ド・蔵」。ハーフコースもあり

フランス料理

レストラン 八間蔵《はちけんぐら》

倉敷市阿知

歴史的建造物の多い倉敷にあって、代表的な町屋のひとつに数えられるのが、国指定重要文化財にも指定されている「大橋家住宅」。その米蔵を改装した「八間蔵」は、当時の瓦をそのまま利用した平目地張りの内壁や、重厚感あふれるあめ色の梁など、他に類を見ないほど天領倉敷の歴史と風格を感じさせてくれる。

そんな〝和〟の空間で楽しめるのは、ホテルならではの上質フレンチだ。季節替わりで提供される、人気のフルコース「メニュー・ド・蔵」は、海の幸を詰め込んだ前菜、野菜のうま味を凝縮したポタージュ、手間暇かけた旬の魚料理、炭火の香ばしさをまとったジューシーなステーキ、華やかな盛り付けに目を奪われるデザートなど、季節ごとの新鮮食材を使った、シェフ渾身の料理の数々を存分に味わうことができる。ここにしかない空間で、ぜいの限りを尽くした料理を味わう幸せをかみしめたい。

1 コース料理の中の一品、「オマールエビのロースト」。エビのうま味を凝縮した濃厚なソースが、ぷりっぷりの身に絡まる

2 かつての趣を色濃く残す店内は、天井が高く、開放感がある。高い位置にある窓からは柔らかな日差しが差し込む

3 炭火を使って焼き上げるステーキは絶品。口に入れた瞬間に香ばしさが広がる。好みの部位を選べるコースもある

4 ホテル自慢の味を気軽に楽しめる「おすすめランチ」。パンはおかわり自由なのもうれしいところ

More Menu

ランチメニュー

おすすめランチ 2,160円／ステーキランチ 3,240円／シーズナルランチ 4,104円／グラスワイン 756円

ディナーメニュー

メニュー・ド・蔵 5,400円／シーズナルコース 8,100円／デギュスタションコース 10,800円／ペアディナー（2名） 15,000円（3日前までに要予約）

Shop Data

レストラン 八間蔵

住 倉敷市阿知3-21-19
倉敷ロイヤルアートホテル1階別館
TEL 086-423-2122（9:00〜19:00）、086-423-2400（19:00〜）
時 11:30〜14:30（LO13:30）、17:30〜21:30（LO20:30）
休 なし ※貸し切りの場合あり
席 48席 P 30台（宿泊客優先）
C 可 予 予約可 喫 禁煙
交 JR「倉敷駅」から徒歩10分

良質な水と米を有する “酒どころ”岡山

「良い水」と「良い米」はうまい日本酒造りに欠かせない。このことに異論を唱える人はいないだろう。古くから酒造りが行われ、多くの銘酒を生み出してきた岡山には、その両方がそろっている。一つに吉井川、旭川、高梁川の三大一級河川がもたらす豊かな水源。そして、もう一つにそれら上質な水を生かして生産され、酒米の最高品質とも称される「雄町米」だ。酒米の中でも特に栽培が困難といわれる雄町米だが、大粒で、麹が入る心白が大きいことから、全国の酒蔵で愛用される人気ぶり。その生産量の90％以上を岡山が占める理由には、瀬戸内の温暖な気候も不可欠であることは言うまでもない。このような恵まれた土地柄こそ、岡山が〝酒どころ〟と呼ばれるゆえんである。

Category 2

一度は訪れたい

大切な記念日だからこそ、高級感のある内装や

個室を備えた店でゆっくり過ごしたい。

ハイレベルな料理と空間の中で、華やかなひとときを。

一点一画も おろそかにしない 絶品イタリアンで 大人時間を過ごす

洗練された室内装飾と上質なおもてなしが技の光る料理をより一層引き立てる。五感をフルに使って、大切な人と至福の時に包まれる体験を。

イタリア料理

essere《エッセレ》 cucina italiana

岡山市北区田町

上質な空間で特別なひとときを

仔鳩のスフォリアータの美しさに息をのむ

岡山駅から徒歩15分ほど歩いた西川緑道公園のすぐそばのビル2階。ドアを開ける前からキュッと締まったような空気感が漂う「エッセレ」。白を基調にした壁やカーテンは清潔感にあふれ、テーブルにセッティングされたシルバーのカトラリーが放つ高級感と相まって上品で特別な空間を演出する。

食材は厳選された国産品と、ヨーロッパなどから取り寄せたものを使用。丁寧かつ繊細な技でイタリアンに日本の四季を織り込んだ特別な料理となる。写真はブレス産の仔鳩を使ったパイ包み焼き。数あるメニューの中でも特に人気が高い逸品だ。数々の修業を通して培ってきたものを大切にしつつ、エッジの効いた感性で表現された世界観は見るものを魅了する。一切の妥協を許さないシェフとソムリエの心のこもったもてなしを存分に味わいたい。自分と大切な人のためにエッセレの料理と空間で、とっておきの〝大人時間〟を過ごしてみよう。

1 ブラックのプレートとのコントラストが効いたパスティッチョインクロスタは、鴨、フォアグラ、豚を使ったパテをパイ生地で包み上げたもの

2 シンプルでありながら洗練された空間で大切な人ととっておきのひとときを

3 シカのトルテッリーニインブロードは、真庭産のシカ肉を使いリッチにコンソメ仕立てにしたもの

4 兎のクロスペッレは兎のサルミをカカオのクレープで巻いた前菜。ほかではなかなか食べられないものをじっくりと味わえる

More Menu

ランチメニュー

PRANZO（5皿）3,780円、（7皿）7,020円

ディナーメニュー

CENA（7皿）7,020円、（9皿）10,800円、（9皿）14,580円

※ディナータイムは別途サービス料5%要

Shop Data

essere cucina italiana

住 岡山市北区田町2-13-1 SWISS 2階B
TEL 086-206-1575
時 12:00～15:00、18:00～22:00
休 火曜
席 カウンター3席、テーブル12席
P なし
C 可
予 予約が望ましい
喫 禁煙
交 JR「岡山駅」から徒歩15分

伝統の技と創業以来のこだわりを
一途に守り続ける実力派割烹

「てっさと藤ひろ自慢の自家製ポン酢」「とらふぐのUMAMI鍋」でフグを堪能

日本料理

おかやまの味 藤ひろ《ふじひろ》

岡山市北区野田屋町

日本料理の技を大阪・京都で修業した店主が、1978年に開業。創業以来40年にわたって瀬戸内の魚、岡山の日本酒、自家栽培の野菜にこだわり続けており、今では〝瀬戸内の天然魚を味わうならココ〟といわれるほどだ。

「お客さまに心からおいしいと喜んでもらいたい」と試行錯誤を繰り返し、調味料に至るまですべて3人の職人が手作り。岡山名物のサワラやベイカ、ままかりなども、その時々でどう調理したらおいしく食べてもらえるかを考え抜いて提供している。

もてなす際には、例えば「若竹煮」なら「朝掘りの筍を使った若竹煮」とひと言添える。「お料理のイメージが広がり、よりおいしく感じていただけると思うんです」と女将。その思いは、スタッフ全員に共有されており、客は想像の翼を広げながら舌鼓を打つことができる。県外からの客人も自信を持って案内できる銘店だ。

2

1

4

3

1 唐揚げにすることの多いオコゼを、あえて煮付けにして提供。コラーゲンたっぷりの皮まで残さずいただけば、翌日のお肌はツヤツヤに?

2 大小さまざまな個室があり、カップルや夫婦での食事、接待、親族が集まる慶事・法事、職場の宴会など多彩に利用できる。すべてテーブル席なのもうれしい

3 岡山の日本酒にこだわり6蔵元30種類の地酒をラインナップ。色とりどりの徳利は、「藤ひろ」のオリジナル

4 使用する野菜のほとんどが、店主自ら土を耕し丹精込めて育てたもの。露地栽培なので旬のものを一番おいしいタイミングで提供できる

More Menu

ディナーメニュー

旬のお料理をいろいろと味わえる会席(8品)
5,400円〜10,800円／
瀬戸内のハモを丸ごと一匹食べ尽くすコース(6月〜10月)
8,640円〜12,960円／
活とらふぐを知り尽くすコース(11月〜3月)
8,640円〜12,960円

Shop Data

おかやまの味 藤ひろ

住 岡山市北区野田屋町1-8-20
TEL 086-223-5308
時 17:30〜22:00(LO21:00)
休 日曜、祝日
席 カウンター6席、テーブル60席
(4名個室2部屋、座敷4部屋)
※最大30名まで収容可能
P なし C 可
予 予約可 喫 禁煙
交 JR「岡山駅」から徒歩8分

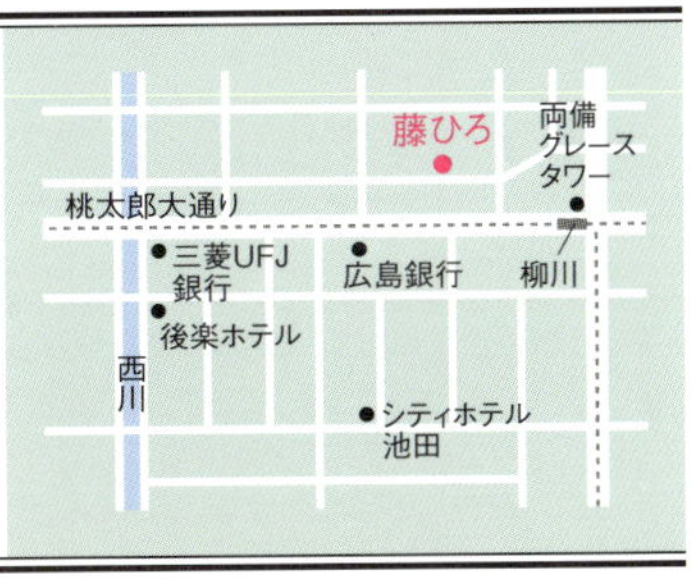

地元食材をふんだんに使った 彩り鮮やかなイタリアン

この日のメインは「子羊のロースト フレッシュアンコールペッパーとマッシュルームのソース」

イタリア料理

TRATTORIA MIZUOCI《ミズオチ》

岡山市北区丸の内

2005年に岡山県庁近くにオープンした「TRATTORIA MIZUOCI」は、イタリアのレストランで3年半、修業を積んだオーナーが夫婦で営むイタリア料理店。本格的なイタリア料理が、落ち着いた雰囲気の中でいただける。

岡山の食材に魅了されたというオーナーが作る料理には、地元産の食材が豊富に使われる。中でも岡山県内の契約農家から仕入れている野菜は、無農薬で育てられたものがほとんど。「その時期ならではの食材を味わってほしい」という思いから、届いた野菜をもとに毎日のメニューを考えているそう。さらに、珍しい食材も扱っているのがこちらの特徴。流通が少ないジャージー牛が登場する日があるなど、さまざまな食材で訪れた客を楽しませてくれる。料理を一層引き立てるイタリア産のワインと合わせて、美しく彩られた一皿をゆっくりと味わいたい。

1 前菜の「岡山県産シカ肉のサラダ」には、瀬戸町のシカ肉を使用。フレッシュな旬の野菜との組み合わせで味わって

2 特別な日は店内奥のテーブル席がおすすめ。予約時にオーダーすれば、記念日のプレートも用意してくれる

3 「下津井ダコと季節野菜のオレキエッテ」。手作りの手打ちパスタは常に6、7種類がそろい、メニューに合わせて使い分けるそう

4 カウンター席の中央には、その日に届いたばかりの新鮮な野菜が勢ぞろい。気になるものがある時は尋ねてみて

More Menu

ディナーメニュー

コース料理 5,070円、7,560円／
その他アラカルト　前菜 860円～／
パスタ・リゾット 1,720円～／メイン料理 2,370円～

Shop Data

TRATTORIA MIZUOCI

住 岡山市北区丸の内2-12-27
TEL 086-234-1122
時 18:00～23:00
休 日曜
席 カウンター10席、テーブル14席
P なし
C 可
予 予約が望ましい
喫 禁煙
交 岡山電気軌道「県庁通り」電停から徒歩3分

瀬戸内の幸を色鮮やかにもてなす
スタイリッシュな日本料理

慶事のおまかせコースの前菜。あでやかな器でもてなす

日本料理

日本料理 Nishigawaso 西川荘《にしがわそう》

岡山市北区田町

　１９４６年創業の割烹旅館「西川荘」が、スタイリッシュなジャパニーズダイニングに生まれ変わって約10年が経過。窓から西川緑道公園の緑を眺められ、伝統的な日本料理を和洋折衷の趣で楽しめると好評だ。長年受け継がれてきた備前焼や、パールを打ち付けたモダンなデザインの有田焼など、多彩な器に盛り付けられた料理を目と舌で堪能できる。

　慶事のおまかせコース（１０８００円）は、地元の海の幸を使った彩り豊かな前菜から始まる。岡山産ベイカの酢みそ和え、鯛の真子のショウガ煮、イイダコうま煮、ゆり根豆腐が豆皿に並べられ、中央の高台小鉢にはカニと岡山産ワカメのしんじょう、サワラの小袖寿し、瀬戸内海産ガラエビが盛られ、華やかなもてなしを楽しめる。岡山産黄ニラを使っただし巻きやコロッケなどの単品料理も豊富なので、県外からの来客をもてなす時にも訪れたい。

2

1

4

3

1 この日の永遠会席の肉料理は、国産牛サーロインのしゃぶしゃぶを味わえる豆乳鍋。とろけるような肉のうま味をヘルシーにいただけると女性に人気

2 2階には大小の座敷が4部屋あり、人数に応じて利用可能。黒の格子窓がシックな個室は掘りごたつ式で、正座が苦手な方もリラックスできる

3 単品料理「本日のお造里」から「サワラの造り」(2,160円)。脂がのった腹身と、歯ごたえを楽しめる背身が盛られ、部位で変わる色味や食感を味わえる

4 ランチ「せきれい」は、前菜や煮物、焼き物、お刺身、揚げ物、小鉢、茶碗蒸し、ご飯、汁物、デザートが付き、その品数の多さが魅力

More Menu

ランチメニュー

せきれい 1,620円／しらとり 1,944円／すざく 2,700円 ※各種コース料理も可(要予約)

ディナーメニュー

ミニ会席 3,780円／永遠会席 6,480円／おまかせ会席 8,640円～／百日膳 3,240円／西彩(黄ニラばら寿司) 3,240円／ステーキ御膳 5,400円

※個室の場合、別途サービス料要

Shop Data

日本料理 Nishigawaso 西川荘

住 岡山市北区田町2-13-27 SWISS西川1･2階
TEL 086-225-1971
時 11:30～14:30(LO14:00)、17:30～22:00(LO21:30)
※日曜･祝日は～20:30(LO20:00)
休 不定休
席 総席数62席(テーブル12席、カウンター8席、和室7室)
P 3台　C 可　予 予約可　喫 分煙
交 岡山電気軌道「田町」電停から徒歩5分

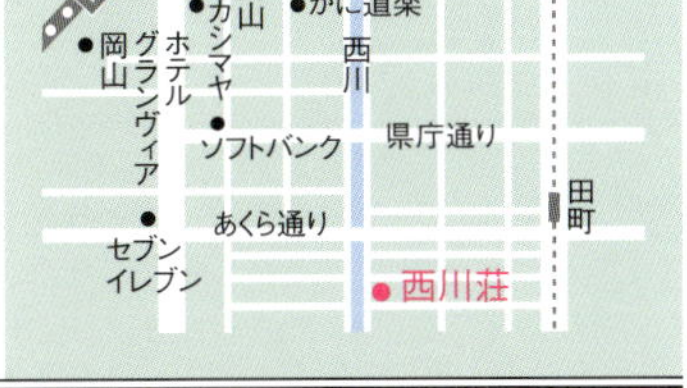

自然の恵を受けた野菜を多く使用
隠れ家的な日本料理店

岡山産の食材を中心に季節に合わせた料理が並ぶ

日本料理

MARU《マル》

岡山市北区丸の内

岡山城にほど近い静かなロケーションにある「ＭＡＲＵ」。「気軽に日本料理を楽しんでほしい」との心配りが随所に行き届き、居心地の良い空間となっている。店内は落ち着いた雰囲気で、広いカウンター席が9席、ほかにテーブル、個室とバリエーション豊かで、記念日のディナーや取引先との会食、職場の宴会などさまざまなシーンに利用できる。

昼はコースのほかにお得なランチも用意。丸の内という土地柄、近隣の会社員の利用も多く、地元の人から愛されている。夜は、ガラッと雰囲気が変わって大切な人と過ごす隠れ家的雰囲気に。４０００円から予算に合わせて選べるコースや、アラカルトを提供する。料理は岡山の野菜、魚などを中心に安全で体に優しい逸品ぞろい。一皿一皿が彩りにあふれて、味わう楽しさをより一層高めてくれる。手間暇を惜しまない心のこもった料理と店内のほっとできる雰囲気づくりに、多くの常連客を生むのも納得だ。

1 備前焼の器を使った盛り付けも楽しみ。料理に合わせて地酒も用意されているので岡山を心ゆくまで堪能できる

2 奥行きのあるカウンター席は隣との距離が程よく離れており、座り心地の良い椅子でゆったりとした時間を過ごすことができる

3 季節の口取り。この日は野菜のテリーヌも入ってさまざまな食感を楽しめる。コースのほかにアラカルトも充実

4 オープンなテーブル席はグループの会食や向かい合ってゆっくり過ごしたいシーンにおすすめ。真ん中で半分のスペースに区切ることも可能

More Menu

ランチメニュー

ランチ 1,200円／
松花堂弁当 2,200円

ディナーメニュー

ディナーコース 4,000円、6,000円、8,000円

Shop Data

MARU

- 住 岡山市北区丸の内2-10-5
- TEL 086-234-2122
- 時 11:30〜14:00、17:30〜22:30
- 休 月曜AM、日曜
- 席 カウンター9席、テーブル20席
- P なし
- C 可
- 予 予約可
- 喫 分煙
- 交 岡山電気軌道「城下」電停から徒歩10分

岡山産無農薬野菜を使用し
紡ぎ出す一期一会のストーリー

「猪骨つきバラ肉のアリコルージュ」は小豆と赤ワインのソースが特徴

フランス料理

VIGNETTE《ヴィネット》

岡山市北区石関町

路面電車の城下駅から北に3分ほどの場所にある「ヴィネット」。

岡山産の有機無農薬野菜にこだわり、30件以上の農家と契約。「おいしい野菜を食べてほしい」という生産者の顔が見えるから、皮や茎はひとつ残さずだしにしている。また、「食品ロスをなくす」という観点からリデュースシステムも採用。必要なものを必要なだけというスタイルで、コース料理から皿数を減らすことが可能。それに比例して価格もリデュースされる。

お客様一人ひとりのために作るため、サラダの野菜でさえも来店後、顔を見てから切り始めるという心のこもったこだわり。この日の肉料理は岡山産イノシシの肋肉を数日マリネした後、軽く茹でて表面をカリッと焼き、さらにオーブンでロティしたもの。「人生に潤いを感じられる料理を届けたい」と料理は、手間暇をかけ、食材そのものを生かす技と情熱から生まれる。予約をして出かけたい。

2

1

4

3

1 店内で焼くパンは2種類。日々、試行錯誤を重ねてたどり着いたこだわりの味

2 店に入るとまず目に入るのがオープンキッチン。手前から奥にテーブル席が並び、ブドウの木が植えられた庭へと続く

3 レシピが書かれた黒板の中央に、アイアンアートのVIGNETTEの文字。海外経験の長いシェフのセンスが光る

4 この日のオードブルはスズキの自家製カラスミ、豚ロースの生ハム、クリームチーズのムースのクレープ包みと岡山県産有機無農薬野菜

More Menu

ランチメニュー

lunch A 1,944円／lunch B 2,160円／lunch C 3,240円／lunch GIBIER 3,780円

ディナーメニュー

dinner A 3,780円／dinner B 5,400円／dinner C 7,020円／dinner GIBIER 6,480円／お好きなワイン3種類を選べる「飲み比べセット」1,500円

Shop Data

VIGNETTE

住 岡山市北区石関町1-10
TEL 086-221-4530
時 11:30〜15:00（LO14:00）、18:00〜23:00（LO21:30）
休 火曜
席 テーブル22席
P なし C 可
予 予約可
喫 禁煙
交 岡山電気軌道「城下」電停から徒歩3分

最適な温度で美味しさを引き出す
手間暇惜しまぬ技と心遣い

日替わりの小鉢9種にお造りなどが付く昼の御膳「祇園ごよみ」2,300円

日本料理

京の味 桜川《さくらがわ》

岡山市北区丸の内

15年間、京都で修業を積んだのち、20年前に地元岡山に開いた京料理の店。「温かいものは温かく、冷たいものは冷たく」を信条に、おいしいと感じられる〝最適な温度〟に注意を払う。例えば刺身の器は冷やし、焼き物の器は蒸し器で温めておく。さらに汁物は冷めにくいように葛を加えるなど、一番いい状態で提供するためのひと手間を惜しまない。その心遣いは〝和食の肝〟であるだしにも感じられ、吸い物は香りが引き立つように提供する直前にだしをとる徹底ぶりだ。

食材は店主自ら産地に足を運んで厳選。この道30年以上の経験を生かし吟味を重ねた仕入れ先は、瀬戸内海や山陰、遠く九州にも及ぶ。そんな厳選食材と繊細な技を堪能できる「祇園ごよみ」は、たき物、あえ物、肉・魚料理などを全9種類の小鉢で表現した自慢の御膳。素材の味を生かした味つけと細やかな心遣いに感嘆させられる。

2

1

4

3

1 夜はハモやクエなど家庭では味わえない懐石が自慢。写真は地元の食材と山、海、畑のものをバランスよく盛り込んだ前菜（一例）

2 一人でも気軽に入れるカウンターと、接待などに使える個室や、最大18人まで対応可能な中座敷（6畳間×2）もある

3 夜のコースで味わえる酢の物（一例）。ほかに瀬戸内海の幸と地元の野菜を使った彩り豊かな一品などが楽しめる

4 店オリジナルの焼酎「桜川」1杯600円は、黒麹仕込みでコクがあり飲みやすい。ロックで味わうのがおすすめ

More Menu

ランチメニュー

京の古都ごよみ 1,800円／
昼の手毬寿司御膳 3,500円／
昼のミニ懐石 2,300円～

ディナーメニュー

夜のおまかせ料理 嵐山 5,400円～／
ふぐ三昧コース 8,100円（要予約）／
鴨鍋コース 8,100円（要予約）

Shop Data

京の味 桜川

住 岡山市北区丸の内1-12-6
TEL 086-234-0606
時 11:30～14:00、17:00～22:00
休 日曜、祝日
席 カウンター9席、座敷30席
P なし
C 可
予 予約可
喫 分煙（昼は禁煙）
交 岡山電気軌道「県庁通り」電停から徒歩5分

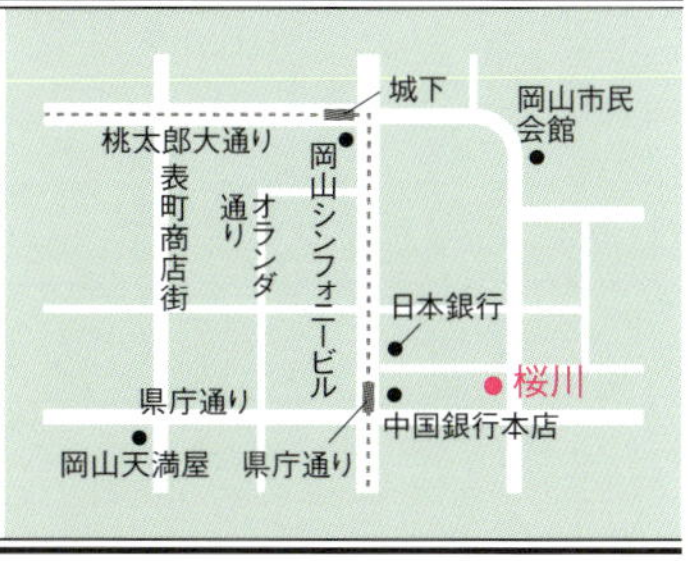

食材と対話し最高のクオリティで唯一無二の一皿を

フランス料理

見せ方にもこだわった料理は、まるで一枚の絵画のよう

Restaurant Croissance《クロワサンス》

岡山市北区幸町

雑踏から少し離れた路地にたたずむ「クロワサンス」。扉を開けると、柔らかな照明が店全体をすっぽりと包みこみ、しっとりとした大人の雰囲気が漂う。

信頼する生産者から仕入れたこだわりの食材のみを使用。毎日届く食材と〝対話〟をし、最も適した料理法、客の好みなどを掛け合わせる。そのため、導き出されるメニューは何万通りとなり、固定のコースは存在しない。唯一無二ともいえる一皿一皿の、色彩や盛り付けはまさに食材を使ったアート。その美しさを楽しみたい。

ランチタイムは女性客が多いが、夜は男性客もぐんと増え、カップルや仕事の接待など大切な人をもてなすシーンでの利用も多い。前日までの完全予約制なので電話を忘れずに。ランチ、ディナーともにアレルギーや苦手な食材に対応してくれるので予約時に相談を。昼夜ともにコースのみ。ただし、日曜の夜はアラカルトも提供している。

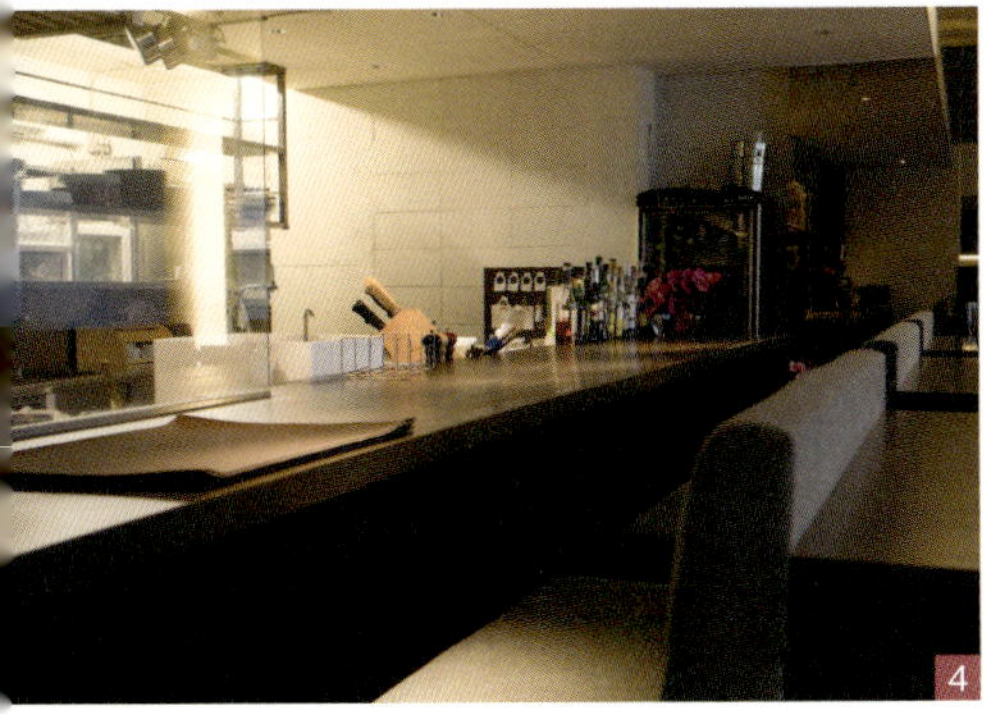

1 この日のメインは「岩手産ホロホロ鳥のロースト赤ワインソース」。丁寧な仕事ぶりは、フランスのグルメ本「Gault et Millau」でも注目されるほど

2 「日常から少しだけ離れてくつろいでほしい」と、柔らかな間接照明に包まれてリラックスできる大人のぜいたくな時間を演出

3 その日仕入れた食材と"対話"して作り上がる料理は、色彩、造形、味、バランス、盛り付けのすべてにおいてアートそのもの

4 落ち着いた雰囲気のカウンターも。2人掛けのソファで特別な時間を

More Menu

ランチメニュー

4plat 3,240円～／6plat 5,400円～

ディナーメニュー

6～7plat 10,800円～
日曜の夜のみアラカルト営業

Shop Data

Restaurant Croissance

- 住 岡山市北区幸町9-22
- TEL 086-238-8815
- 時 11:30～14:00、18:30～22:00
- 休 火曜
- 席 カウンター6席、テーブル12席
- P なし
- C 可(昼は不可)
- 予 予約制
- 喫 禁煙
- 交 JR「岡山駅」から徒歩10分

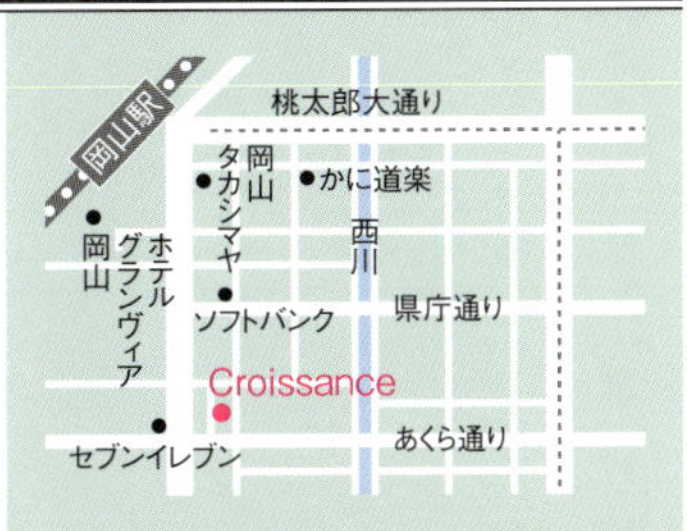

四季折々の多彩な膳に心を尽くす
五感に響く、もてなしの数々

慶びの席には、幸せを願う“御所車”に彩り豊かな料理が

日本料理

日本料理 一扇《いっせん》

岡山市北区田町

創業40年以上。落ち着いた和の空間で日本料理を味わえると人気の名店。1階はカウンター席、2～4階には個室や大広間がそろい、座敷や椅子席、茶事が行える部屋など、目的に応じて利用できる。献立は10日ごとに替わり、感性と創意があふれた料理を堪能できる。「素材選びから味つけ、盛り付けに至るまで、店ならではの心配りと四季折々の表現方法を考え尽くす」と語るのは、店主・清水明一さん。昔ながらの趣向を凝らしたもてなしにもこだわり、例えば立春に合わせて提供する「割宝楽」は、「福は内」という店主のかけ声とともに宝楽焼の器が割られ、中から料理が現れる。こうした五感で楽しめる料理を目当てにする客も多い。

日本料理の魅力をもっと知りたい人は、毎月1回開催される「友の会」へ。店主から献立や食材について学びながら、料理を味わえると好評だ。

1 この日の懐石「魁」の煮物は、小鯛のごま豆腐包み。梅が咲き始める季節に合わせて選ばれた椀に、型抜き人参やうぐいす菜、松葉柚子を添えて

2 専用の玄関や手洗いが設けられた別室は、まさに特別な日にふさわしい空間。坪庭を眺めながら、ゆったりと過ごせる

3 端麗な白身で、甘みと歯ごたえを楽しめるオニオコゼの薄造り。自家製ポンだれに、好みで柚子を搾って。透き通るような美しい盛り付けも魅力

4 強肴（しいざかな）は筍の木の芽焼き。筍の産地はその時一番おいしいものを厳選し、この日は鹿児島県指宿産を使用。趣向を凝らした、もてなしの技はさすが

More Menu

ランチメニュー

吉野弁当 3,090円／穴子蒸籠膳 3,090円／ミニ懐石「花」 5,150円／茶懐石 9,800円

ディナーメニュー

懐石「風」 7,560円／「月」 9,180円／「雪」 10,800円／「粋」 14,580円～

※5,400円以上の場合、別途サービス料要

※別室のみ、部屋代が必要。1室5,400円（サービス料別）

Shop Data

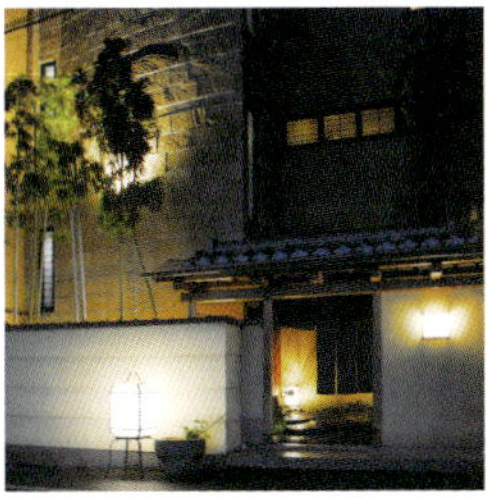

日本料理 一扇

住 岡山市北区田町2-7-10

TEL 086-224-1000

時 11:00～14:00（LO13:00）、17:00～22:00（LO21:00）

休 日曜夜

席 総席数70席、部屋数14室（1室2～40名対応可）

P 近隣のパーキング利用（2時間までのサービス券あり）

C 可 予 予約制

喫 1階禁煙、2～4階分煙

交 岡山電気軌道「田町」電停から徒歩5分

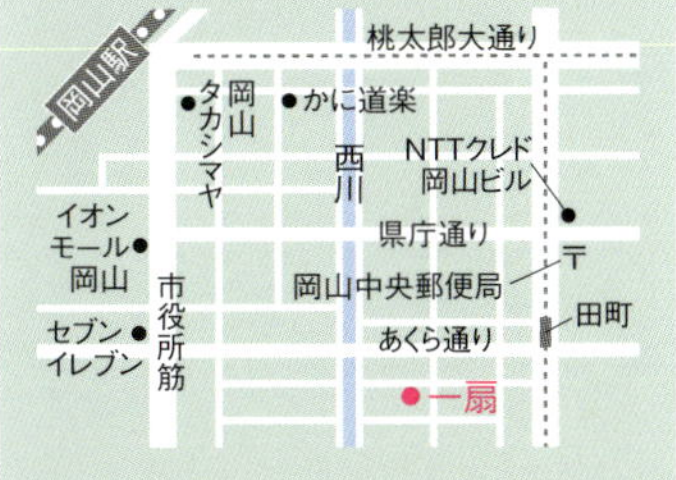

衣で閉じこめた旬の味わいを
ひと皿ずつ堪能して！

アオリイカとラクレットチーズを湯葉で包んだ茶巾揚げ

日本料理

天婦羅たかはし《てんぷらたかはし》

岡山市北区京町

ベンガラ塗りの壁に囲まれたエントランスを入ると、天然木と石を配したシックな空間が広がる。「養殖の食材は使わず、天然ものにこだわっているので、設えも自然素材に。江戸前の天ぷら専門店では白木のカウンターが多い中、あえて大理石を使用。凛とした空間で旬を堪能してもらいたい」と話すのは、三代目店主の高橋克慈さん。「天ぷらは音と匂いで揚げる」と語る店主が、素材に合わせて衣や油を使い分け、丁寧に揚げる逸品を目当てに、県外から通う客も多い。昼は気取らない丼や定食も提供するが、絶妙の間合いで一皿ずつ運ばれる夜の天ぷら会席（5000円～）は、ぜひ味わいたい。

着物の帯がつぶれないように、椅子の座面はゆったりと奥行きがあるものに。床の段差がないバリアフリー対応になっているなど、くつろぎのひと時を過ごせる細やかな心配りがうれしい。大切な人のもてなしにおすすめ。

1 江戸前かき揚げ丼は昼限定の看板メニュー。旬の野菜や海の幸をこんもりと大きなかき揚げに。創業以来、つぎ足して守ってきた秘伝のタレで召しあがれ

2 イタリアから取り寄せた黒大理石のカウンター席。料理が映えるこだわりの卓で、店主の技を目の前で楽しみながら揚げたてをいただく

3 旬の天ぷら9品が味わえる夜の献立「限定」。前菜や季節の一品、天丼または天茶、吸物、香の物、デザートが付く。春先は山菜やハマグリの天ぷらを

4 内扉を入ってすぐ、高級感漂う個室の座敷がある。誕生日や記念日など特別な席に重宝する。掘りごたつ式なので正座が苦手な方にも喜ばれている

More Menu

ランチメニュー

江戸前かき揚げ丼（数量限定、吸物・小鉢付き）990円／天ぷら定食 2,000円／昼コース「華」3,000円、「旬」5,000円

ディナーメニュー

夜コース「旬」（ご飯付き）5,000円、「限定」（天丼または天茶付き）6,000円、「特選」（要予約、天丼または天茶付き）8,000円

Shop Data

天婦羅たかはし

- 住 岡山市北区京町8-1
- TEL 086-223-8452
- 時 12:00～13:30、18:00～21:30
- 休 日曜、祝日のランチ
- 席 カウンター6席、テーブル12席、座敷4席
- P 3台
- C 可
- 予 予約可
- 喫 禁煙（喫煙スペースあり）
- 交 JR「岡山駅」から徒歩20分

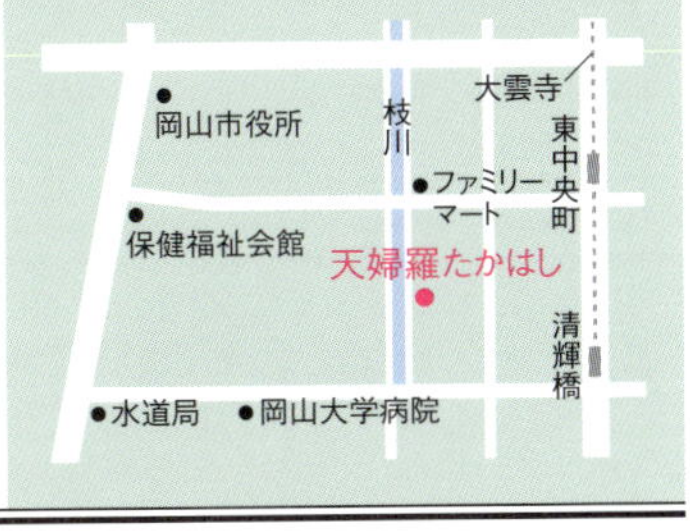

風情あふれる美観地区の一角で
活きダコを使った名物料理に舌鼓

昼限定「多幸半膳」煮付け付き2,052円。煮付けなしは1,728円

日本料理

美観地区 多幸半《たこはん》

倉敷市阿知

美観地区の一角、石畳の路地の先にある日本料理の店。シャコ、穴子、渡りガニ、太刀魚、アコウなど、寄島港で水揚げされる、種類豊富な旬の魚貝が味わえる。

とりわけ、鮮度抜群のタコを使った料理は名高く、活きダコでしか出せない、コリコリと小気味よい食感の「たこの唐揚げ」や、だしを効かせた炊き込みご飯に柔らかく煮たタコを混ぜ込んだ「たこ飯」を目当てに遠方から訪れる客も多いのだとか。昼は、日替わりの刺身や天ぷら、煮物など、職人技がさえる料理の数々が一度に堪能できる「多幸半膳」がおすすめ。夜はコース料理のほか、焼き物や煮物などの一品料理も豊富にそろう。魚料理に合う、地酒やワインなどアルコール類も充実しているので、県外からの客人をもてなすのにも最適だ。

〝うまい魚を食べるなら「多幸半」〟と言われる銘店で、ゆったりと大人の時間を過ごしてみては。

1 「焼きシャコ」1,080円。新鮮なシャコを甘辛のタレにつけて焼いた、ほかではなかなか味わえない一品。一味のピリ辛さに酒がすすむ

2 落ち着いた雰囲気が漂う店内。カウンター席のほか、堀りごたつの座敷や、個室などがあり、シーンにあわせて利用できる

3 「アコウの塩焼き」2,160円～(価格は時期や大きさによって変動)。瀬戸内を代表する高級魚アコウに博多や赤穂の天然塩を利かせた逸品

4 名物「たこの唐揚げ」1,080円。揚げたてのタコに、特製甘酢をかけてさっぱりと味わう。希少な瀬戸内の活きダコを年中用意できるのも「多幸半」の自慢

More Menu

ランチメニュー

多幸半膳 1,728円(煮付けプラスで2,052円)／よりしま穴子丼 1,620円／刺身御膳 2,160円／昼会席 3,240円

ディナーメニュー

おまかせ料理 4,320円、5,400円、6,480円

Shop Data

美観地区 多幸半

住 倉敷市阿知2-22-3-1「奈良萬の小路」内
TEL 086-430-5645
時 11:30～14:00(LO13:30)、17:30～23:00(LO22:30)
休 水曜
席 カウンター9席、テーブル12席、座敷・小上がり24席
P なし　C 可　予 予約可
喫 カウンター席のみ禁煙
交 JR「倉敷駅」から徒歩10分

中国宮廷と見まがうばかりの店内で 本場広東料理を堪能

前菜からデザートまで全10品楽しめる「Cコース」4,320円

中国料理

中国料理 娘娘《にゃんにゃん》

倉敷市中島

倉敷で、40年以上にわたり本場の味を提供し続けている中華料理店。上質の調度品が飾られた、中国宮廷のような優雅な空間で楽しめるのは、素材の味を引き出す調理法が特徴の「広東料理」。香港から呼び寄せたシェフたちは、本場中国と同様「厨師」が主菜を、「点心師」が点心をと、それぞれ専門に分かれて腕を振るう。

自慢の味を堪能するなら、素材や調理法、味のバランスなどが考え抜かれたコース料理がおすすめ。中でも「Cコース」は、「前菜5種盛り」、セイロで運ばれる蒸したての「点心3種」、「揚餃子」、大粒のホタテの貝柱や歯触りのよい白キクラゲが絶品の「帆立入り海鮮炒め」、「活き車エビのチリソース」など全10品を味わえる人気コースだ。このほか、フカヒレや燕の巣、アワビなど、ぜいを尽くしたコースも用意。ごほうびランチから記念日まで用途に合わせて楽しめる。

1 鶏を丸ごと蒸して取り出したエキスを使った「特製フカヒレスープ」2,700円。コク深いスープにコリコリ食感のフカヒレが絶品

2 中央に飾られた豪華な花が美しい1階テーブル席。2階には座敷席も完備。気の置けない友人や家族との楽しい食事を優雅に演出する上質空間

3 コースの中の1皿。餅を使ったものと、エビを使ったものの2種の揚げ点心

4 パイナップルを器に見立てた、豪華な一品「海老のマヨネーズソース和え(パイナップルソース)」2,160円。パイナップルの果汁で程よい酸味

More Menu

ランチメニュー

Aコース 2,160円～Iコース 27,000円まで(全9コース)／飲茶コース(フル) 4,104円／飲茶コース(ハーフ) 2,160円／日替わりランチ 1,080円(平日のみ)

※コースは2名以上から

ディナーメニュー

Aコース 2,160円～Iコース 27,000円まで(全9コース)／フカヒレの姿煮込み 8,640円～

※コースは2名以上から

Shop Data

中国料理 娘娘

- 住 倉敷市中島2370-27
- TEL 086-465-9676
- 時 11:30～15:00(LO14:00)、17:00～22:30(LO21:30)
- 休 なし
- 席 テーブル130席(個室6)
- P 40台
- C 可 予 予約可
- 喫 分煙
- 交 水島臨海鉄道「球場前駅」から徒歩5分

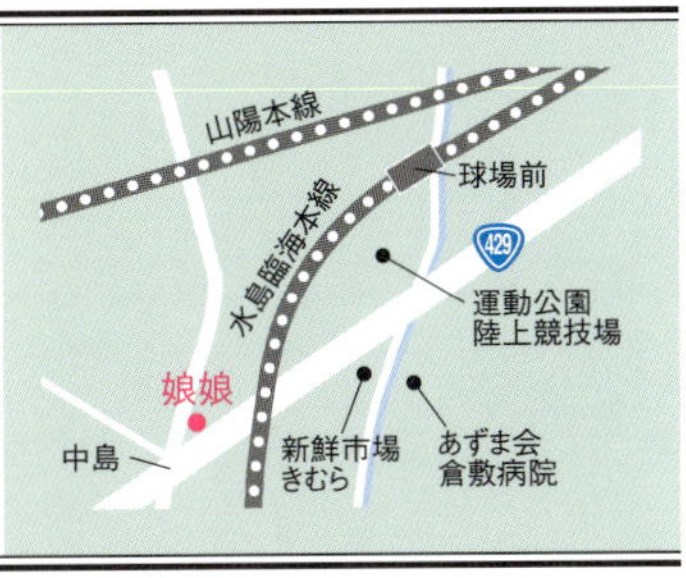

日常を特別な日に変える、
心に残る極上の味とおもてなし

「懐石 天領」12,960円の一部。繊細な飾り付けにも心が躍る

日本料理

割烹 山部《やまべ》

倉敷市鶴形

ＪＲ倉敷駅からほど近く、白壁のたたずまいが印象的な「割烹山部」。築１００年を超す織物工場を改装した店舗は、随所に歴史と風格が感じられ凛とした空気が漂う。店内は、カウンター席を含めすべて個室仕様になっており、部屋ごとに専属のスタッフがついて、心を込めたもてなしをしてくれる。

ここでの楽しみは、地元を中心に各地から取り寄せた旬の厳選食材を熟練の職人技で昇華させた、目にも鮮やかな懐石料理。中でも「懐石 天領」は、ノドグロの煮付けや、Ａ4ランクの黒毛和牛のサーロインステーキが一度に味わえるWメイン仕立ての人気コース。一品一品に丁寧な職人技を感じさせる見事な料理が、先付けから水物（デザート）まで全12品、絶妙なタイミングで運ばれ、極上のひとときを演出してくれる。予算や好みにも応じてくれるので、大切な人との記念日や祝い事など特別な日に利用したい。

1 一つひとつに丁寧な仕事が施された「先付」。繊細な盛り付けにも、職人技が光る

2 木の温もりを感じる店内はカウンターを含めすべて完全個室のプライベート空間。周囲を気にせずゆったりとくつろげる

3 その日一番の魚貝が数種盛り合わせで登場する「お造り」。ひと口含めば、鮮度の良さがダイレクトに伝わってくる

4 「天領」コースの中の一品。A4ランクの黒毛和牛を使ったステーキ。器の美しさにも、もてなしの心がこもっている

More Menu

ランチメニュー

平日限定ミニ懐石 えびす通り 3,672円／
平日限定懐石膳 鶴形山 5,400円

※ディナーメニューと同じものをご用意しています
※全て別途サービス料10%要

ディナーメニュー

懐石膳 6,480円～21,600円／祝い鯛 5,400円

※百日膳、子ども用お膳、一升餅もご用意できます
※全て別途サービス料10%要

Shop Data

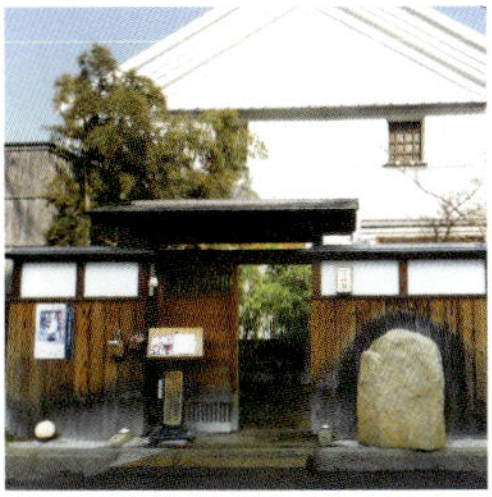

割烹 山部

住 倉敷市鶴形1-1-20
TEL 086-441-2525
時 11:30～LO14:00、18:00～LO21:00
休 不定休
席 カウンター5席、テーブル12席、掘りごたつ44席
P なし　C 可
予 要予約
喫 分煙
交 JR「倉敷駅」から徒歩10分

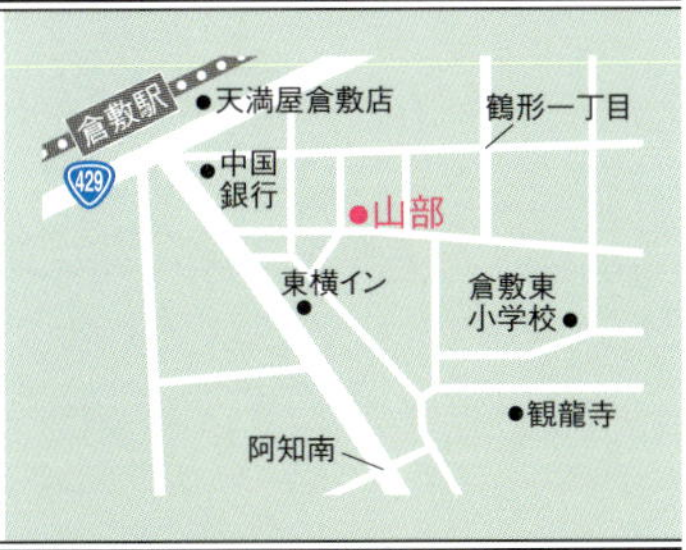

フルーツ王国が生み出す岡山ワイン

果物の栽培が盛んに行われる岡山では、それらを原料にしたワイン造りも盛んだ。特産のピオーネやマスカットなどを使用したワインは、爽やかでフルーティーな飲み口で、土産としても人気を集める。県北西部に位置する新見市哲多町では、水はけのよい石灰質の土壌と、陽当たりが良く標高が高いことで生じる寒暖差を生かして、ワイン用ぶどうの栽培も行われている。近年では、ぶどう畑に隣接してワイナリーも増え始め、栽培から醸造までが一貫して行われるようになった。このように地元産のワインを気軽に味わえるようになったことはもちろん、醸造について理解を深めたり、ぶどう畑を散策したり…思い思いの方法で心ゆくまで岡山生まれのワインを堪能してほしい。

Category 3

気取らずリラックスして

特別な日でも肩肘張らず、リラックスして料理を味わいたい。
子どもと一緒の時や、大人数で楽しみたい時にもオススメ。

フランス料理

Restaurant Lionni《レオーニ》

岡山市北区絵図町

隠れ家的な空間で満喫する南仏のクラシックなフレンチ

南仏の王道の味を守りながら
瀬戸内の旬とシェフの感性で
ここだけの特別な料理を表現。
一皿ごとにワクワクさせてくれる
喜びと感動の美食がここに。

天窓から自然光が注ぐ、上品でナチュラルな空間

熊本産和牛の炭焼き。ハイビスカスのソースを添えて

岡山県総合グラウンドの側に店を構える、石造りの外壁とヨーロピアンな外観が目印のレストラン。木やレンガなど自然素材のあたたかみを感じるフロアは、ナチュラルでありつつも端正な印象。各テーブルがゆとりをもって配され、くつろいだ雰囲気の中で食事が楽しめる。

南仏で5年間研さんを積み、ミシュラン二つ星の人気フレンチで腕を磨いた小野シェフが手掛けるのは、南仏の伝統的な技法を受け継ぐクラシックなフレンチ。瀬戸内の旬魚や地元農家の野菜をぜいたくに使い、地元食材の持ち味を存分に生かした滋味あふれる料理に仕上げている。あくまでもベースは正統派フレンチ。そこに小野シェフならではの解釈を加えることで、新鮮な驚きと感動を誘う極上の一皿が完成。料理はもちろん、ソムリエが厳選するワインやスタッフの行き届いた丁寧な接客も評判。いつまでも余韻を楽しみたくなる、そんな特別な食のひと時を提供してくれる。

1 店名が焼印されたパニス（ひよこ豆のフライ）やフランボワーズコンフィチュールを入れたフォアグラのテリーヌなど、ディナーでもてなすアミューズ3種

2 木の温もりを感じる店内は、窓越しの緑と光が調和し開放感も抜群。夜は落ち着いた雰囲気へと表情を変え、リラックスしたひと時を過ごせる

3 「ベイカのファルシーとプティポワ（グリーンピース）」。柔らかなベイカに、野菜やゲソ、ピリ辛のチョリソーをペーストにして詰めた滋味深い一品

4 マイルドな甘さの焼チョコのアイスと爽やかな2層のレモンムースが相性抜群。アーモンドチュイルを添えて、一皿の中に風味と食感の絶妙なバランスを表現

More Menu

ランチメニュー

ランチコース 1,944円〜／
スペシャルランチコース 5,400円（前日までの予約制）

ディナーメニュー

プリフィクスコース 5,184円〜／
おまかせディナーコース 8,100円（前日までの予約制）
※ディナータイムは席料324円プラス

Shop Data

Restaurant Lionni

住 岡山市北区絵図町9-40
TEL 086-255-7772
時 11:30〜LO14:00、18:00〜LO22:00
休 月曜、月1、2回不定休
席 30席
P 10台
C 可
予 予約可、一部前日までの予約制
喫 禁煙
交 JR「岡山駅」から車で約10分

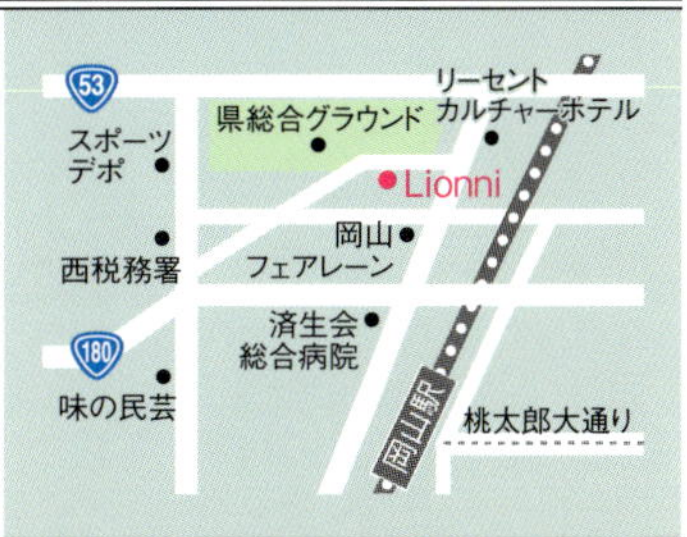

心と体に染みる優しい和食で
おいしさと幸せな時間を提供

旬の食材をふんだんに使った豪華な「花椿コース」8,100円

日本料理

日本料理 椿《つばき》

岡山市南区福成

２０１６年のオープン以来口コミで人気が広がり、女性や家族連れを中心に連日多くの客でにぎわう和食店。ホテルや料亭などで料理経験を積んだ店主の河田さんが心をこめて提供する、体に優しくおいしい和食が評判を呼んでいる。

「自分の母親世代のお客様に喜んでもらえる料理」を信条に、食育や自然食の考えを取り入れながら、年配層が安心して食べられるメニューを考案。分かりやすさや食べやすさに配慮しつつも、京懐石をベースにした繊細な技で、本格和食の粋を見事に表現している。あっさりとしながら奥深い味わいの椀物や煮物、脂身の少ない赤身を使ったステーキなど、ヘルシーかつ豪華なコース料理が人気。気軽に楽しめるランチや弁当もあり、祝いの席など華やかなシーンにも最適だ。満足度の高い料理はもちろん、客を包むあたたかい雰囲気にも「和食を通じて幸せな時間をおもてなししたい」という想いが感じられる。

1 かぶらと吉野葛を合わせ、とろみのあるべっこうあんをかけた定番人気の「くず餅」。かぶらの他、れんこんやダイコン、新タマネギなど4種あり

2 さりげなく椿の花が飾られた、上品で落ち着いた雰囲気の店内。オープンキッチンからは、カウンター越しに調理中の様子が伝わる

3 「旬のお弁当」2,700円。煮物や焼き魚、手作りのハンバーグなど、和洋のおかずをバランスよくそろえ、優しい味付けに。行楽弁当などに人気

4 備前黒毛和牛を使った朴葉焼き。脂身の少ない赤身の部分を使い、肉本来のうま味を感じられるヘルシーで風味豊かな一品に。年配層にも好評

More Menu

ランチメニュー

椿スタイル 2,160円

ディナーメニュー

お刺身御膳（6品）2,700円／天婦羅御膳 2,700円／ステーキ御膳 3,240円／ミニ会席（9品）3,780円／つばき（10品）5,940円／花椿（10品）8,100円

※会席コースは2名～の注文

Shop Data

日本料理 椿

住 岡山市南区福成1-179-12
TEL 086-959-1081
時 11:30～14:00、17:30～21:30（LO21:00）
休 水曜、不定休
席 カウンター3席、テーブル12席
P 9台　C 可（ランチ、弁当は不可）
予 予約制
喫 禁煙
交 JR「岡山駅」から車で約25分

春夏秋冬リピーターが集まる 和がほんのりと香るイタリアン

「国産ビフカツたっぷりパルミジャーノ」は人気NO.1メニュー

イタリア料理

RISTORANTE O'GUSTA《オーガスタ》

岡山市北区柳町

岡山駅より市役所筋を15分ほど歩いた山陽新聞の裏手にある「オーガスタ」。ディナータイムは品数豊富なアラカルトが人気。自家農園で収穫したばかりの無農薬野菜や、吉備中央町の「おへそポーク」など旬のもの、地元のものをふんだんに使用した料理が楽しめる。どこか和の要素が感じられる味わいは、日本料理の修業をしていたシェフが腕を振るう同店ならではだ。ワインをはじめビールなどのアルコールとともに楽しい時間を過ごすことができる。

ランチタイムにはリーズナブルなメニューを提供。特に、桜の時期だけ特別営業する土曜日のランチタイムは、テラス席から眺める桜が料理をさらにおいしく感じさせてくれると好評だ。ベビーカーでの入店や離乳食の持ち込みが可能なので子ども連れで家族の記念日などにも利用できる。地元はもちろん、県外からのリピート率も高いため予約をお忘れなく。

2

1

4

3

1 とれたての無農薬野菜を使用した「ホタルイカとフルーツトマトのサラダ」。魚介類はその日によって内容が変わる

2 店内はとても広くゆったりとした印象。桜の時期や季節の良い時はテラス席の希望も多い。リピーターは次の来店の予約をして帰るほど

3 カウンター席はシェフとのおしゃべりが楽しい。最大30名まで貸し切りの利用が可能なので結婚式の二次会などのパーティや歓送迎会などにもおすすめ

4 ワインは常時80種類ほどを取りそろえている。注文が入ってから切り分ける生ハムの「ハモン・セラーノ・レセルヴァ」はあわせて注文したい人気の品

More Menu

ランチメニュー

ワンプレートランチ 970円／
和牛欧風カレーランチ 1,280円／
O'GUSTAランチ 2,800円

ディナーメニュー

ディナーコース 3,500円、5,000円、8,000円

Shop Data

RISTORANTE O'GUSTA

住 岡山市北区柳町2-5-23
TEL 086-201-1862
時 月～金11:00～14:00（LO13:30）、
月～土18:00～23:00（LO22:30）
※土曜はディナータイムのみ営業
休 土曜AM、日曜
席 カウンター6席、テーブル18席
P なし C 可
予 予約可 喫 禁煙
交 JR「岡山駅」から徒歩15分

親子三代で守る中華の老舗
長く愛され続ける味に舌鼓

濃厚で風味豊かなスープで煮込んだ「フカヒレの姿煮」

中華料理

岡山本格中華 廣珍軒《こうちんけん》

岡山市北区表町

１９２５年に新西大寺町商店街に創業した、岡山を代表する中華の老舗。広東料理をベースにした優しい味つけを守る一方で、唐辛子やスパイスを使った麻婆豆腐やエビチリソースなどの四川料理のメニューも増やしてきた。「守るべきものは守り、時代に合わせて進化することも怠らない」と語るのは、三代目店主・杉野雅一さん。海鮮の香菜（パクチー）炒めや、唐辛子と酸味が効いたタレでエビを炒めた「宮保（くんぽう）」など、新しい食材や辛味にも対応している。

夜のコース料理は３２４０円から。メニューや予算の希望に合わせて相談できる。８６４０円以上のコースのメインは「フカヒレの姿煮」。人数に合わせた大きさで提供され、そのぜいたくなうま味を存分に味わえる。ソフトシェルクラブも人気で、唐揚げやガーリック炒め、甘酢かけなどの調理法で殻ごと楽しめる。ご賞味あれ。

2

1

4

3

1 2階の和室は個室としても利用でき、家族やグループでの食事会に人気。座敷用のベビーチェアもあるので、子ども連れでも安心

2 ランチタイムは近所の常連客で賑わう1階。戦後すぐに建てられたという趣のある空間で、長く愛され続ける味を満喫できる

3 脱皮したばかりのカニを、殻ごと香ばしく揚げた「ソフトシェルクラブの唐揚げ」（単品2,592円）。殻をむく手間がかからず、うま味をまるごと堪能できる

4 離れの座敷には椅子席が用意され、正座が苦手な人にもおすすめ。内庭を眺めながら料理をいただける。空いていればランチタイムも利用OK

More Menu

ランチメニュー

日替わりランチ 810円（平日のみ）／
お昼のセット 864円／
お昼のサービスコース 1,620円～

ディナーメニュー

コース 3,240円～（ソフトシェルクラブの唐揚げを含む場合は、コース 3,780円～）／
その他各種単品料理あり

Shop Data

岡山本格中華 廣珍軒

住 岡山市北区表町3-14-10
TEL 086-222-3351
時 11:30～15:00（LO14:30）、17:00～22:00（LO21:00）
休 火曜
席 総席数250席、部屋数6室（1室6～100名対応可）
P なし　C 可　予 予約可　喫 分煙
交 岡山電気軌道「新西大寺町筋」電停から徒歩2分

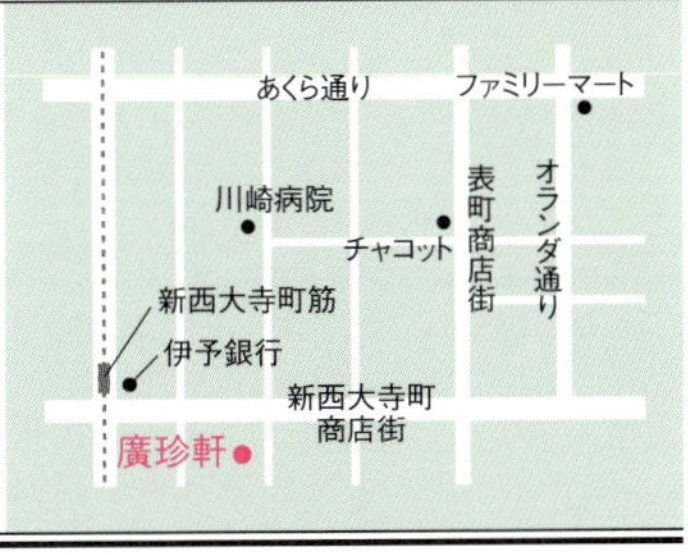

自家農園の新鮮なイタリアンを
ソムリエおすすめのワインとともに

自家農園で収穫したばかりの野菜を使用した「おまかせコースB」6,000円

イタリア料理

al bacio《アルバーチョ》

岡山市北区表町

岡山シンフォニーホールから歩いて2分ほどの場所にある「アルバーチョ」。店先にはオリーブの木とテラス席があり、店内から望む景色はゆっくりと食事を楽しめる穏やかな雰囲気だ。

もちもちの食感が自慢のパスタや、近県産の肉や魚など、多くの食材の持ち味を引き出し、カラフルな色使いに仕上げた料理の数々でテーブルが華やぐ。自家農園で採れた野菜を中心に使用し、生産者を明確にしているので、安心していただける。人気の自家製フォカッチャは別料金でおかわり可能。

ワインはイタリア産ワインのみをラインナップ。シェフはもちろん、ホール担当もソムリエの資格を持っており、客に寄り添って好みを聞き出し、料理にピッタリのワインをセレクトしてくれる。ふとした瞬間に細やかな心遣いが感じられ、居心地良いと好評。大切な人と特別な時間を過ごしたいときに利用したい。要予約のコースもあるので確認を。

2

1

4

3

1 「シェフのおまかせコースB」はパスタ2種付き。この日のパスタは、「兵庫県産ホタルイカと倉敷産牛蒡のパスタ」と「自家製オレキエッテ トラパニ風」

2 テーブルの間隔が広くゆったりとした店内で、リラックスして食事を楽しんで

3 店名の「al bacio」はイタリア語で“キスしたくなるような”という意味。この日のデザートのイチゴのティラミスは思わずキスしたくなるようなキュートさ

4 お店の前にあるテラス席は、穏やかな昼下がりに季節の風を感じながら過ごすのにぴったり

More Menu

ランチメニュー

パスタランチ（平日）1,100円／シェフのおまかせコース（平日）2,600円（要予約）／A-プランツォ（土日）1,600円／B-プランツォ（土日）1,900円／C-プランツォ（土日）2,600円

ディナーメニュー

平日限定パスタディナー 2,600円／シェフのおまかせコースA 4,000円／コースB 6,000円（要予約）／プリフィックスコース 4,400円

Shop Data

al bacio

- 住 岡山市北区表町1-1-26
- TEL 086-223-1722
- 時 11:30～LO14:30、18:00～LO21:30
- 休 火曜、第1月曜
- 席 カウンター3席、テーブル20席
- P なし
- C 可
- 予 予約可
- 喫 禁煙
- 交 岡山電気軌道「城下」電停から徒歩2分

岡山では珍しい『十割蕎麦』を
お酒と一緒に小粋に楽しめる

「冷かけすだちおろし蕎麦」と、だし巻き卵&天ぷらの盛り合わせ

日本料理

石臼挽手打ち蕎麦 小むら《こむら》

岡山市北区蕃山町

そば本来の味を十分に引き出した〝十割蕎麦〟が味わえると評判の「小むら」は、ミシュラン一つ星のそば屋「むら玄」で修業した店主が、２０１７年4月に開業した店。一人でもふらりと入れる気楽さに加えて、そばと一緒に酒をたしなむこともできるとあってリピーターも多い。そばは、１００％国内産のこだわりのそば粉を使用。さまざまな産地のそば粉を季節に合わせて使用しており、その日使ったそば粉の産地が店先に紹介されている。

ランチ時は、そばに合わせて野菜をふんだんに使った天ぷらの盛り合わせを注文するのが定番。ふわふわな食感が自慢のだし巻き卵は、ボリュームたっぷりなので、数人でシェアするのがおすすめだ。日本酒は10種以上をラインナップ。遠方から取り寄せた蕎麦焼酎もある。夜はもちろん、昼から軽く一杯飲めるのも嬉しい。ちょっと特別な大人の時間が過ごしたくなったら、ぜひのれんをくぐってみて。

1 お酒が楽しめる夜メニュー。サワラのたたきや鴨の煮付けなど季節で内容が変わる「あてセット」や、そばの実をローストした「蕎麦味噌」と一緒に

2 藍色と木目調をベースにしたすっきりとした店内。一人でも気兼ねなく利用できる2人席のほか、グループ数人で囲めるテーブル席もあり

3 開店前に店主がそばを打つコーナー隣に設けられたテーブル席。そば打ちの道具を見ることができる。半個室なのでカップルや夫婦でも利用したい

4 甘いものが欲しいときには、焙煎したそばの実をトッピングした「蕎麦茶のパンナコッタ」がおすすめ。女性に人気のデザートメニューだ

More Menu

ランチメニュー

冷かけすだちおろし蕎麦 1,400円／天ぷらの盛り合わせ 800円／だし巻き卵 700円／蕎麦茶のパンナコッタ 350円

ディナーメニュー

氷下魚（こまい）の一夜干し 700円／日替わりあてセット 1,000円／蕎麦味噌 300円

Shop Data

石臼挽手打ち蕎麦 小むら

- 住 岡山市北区蕃山町2-12-101
- TEL 086-224-1890
- 時 11:30～14:30、18:00～22:00 ※売り切れ次第終了
- 休 月曜
- 席 テーブル23席
- P なし C 不可
- 予 予約可
- 喫 禁煙
- 交 岡山電気軌道「柳川」電停から徒歩3分

愛情込めて育てた地元食材が主役。自然味あふれるイタリアン

ランチコース3,020円。メインは玉野産イノシシ肉のグリル

イタリア料理

イタリア料理 il ViLLaGgIo《イル ヴィラッジョ》

岡山市南区妹尾

オーナーシェフの美本さんが夫婦で切り盛りする、アットホームな雰囲気のイタリア料理店。落ち着いたフロアで楽しめるのは、旬の地元食材をふんだんに使った自然派イタリアン。自家農園で愛情を込めて育てた無農薬野菜をはじめ、県の認証による「おかやま有機無農薬農産物」など安心、安全な食材を厳選。素材の持ち味を最大限に生かした料理にこだわっている。

「まずは素材ありき。気に入った味に寄せるのではなく、食材の個性を引き出す調理で、繊細にうま味の土台を重ねていきます」とシェフの美本さん。例えば定番のパスタ「野菜のカルボナーラ」は、卵とバターを使わず野菜のピューレやチーズで滋味たっぷりに仕上げる。どの料理にも素材の力強い味とシェフの技が凝縮されている。料理に合うワインやコーヒー、紅茶などのドリンクも充実。友人、家族、一人でも居心地がよく、気軽に美食を堪能できる店だ。

1 「リンゴのムースと紅茶のジェラート」など、週替わりの手作りデザートは女性を中心に人気を集める。器にもこだわって華やかな盛り付けに

2 木目やタイルの質感を生かしたナチュラルな雰囲気の店内。ゆったりしたレイアウトや主張しすぎないインテリアで、居心地の良さを演出

3 ヒラメのカルパッチョ、ホウボウのマリネ、豚肉とピスタチオのパテの3種を盛りつけた前菜。春菊のピューレを添えて彩り鮮やかに

4 天然真鯛を使ったトマトソースと生麺のパスタ。柑橘のさっぱりとした風味で奥行きのある味わいに。コースのパスタは2種から選べる

More Menu

ランチメニュー

ランチコース 1,400円、1,940円、3,020円（注文は2名～）／昼から贅沢フルコース4,320円（要予約）

ディナーメニュー

ディナーコース 4,320円、6,480円（要予約、注文は2名～）／シェフお任せスペシャルコース10,800円（要予約、注文は2名～）

Shop Data

イタリア料理 il ViLLaGgIo

住 岡山市南区妹尾2373-37
TEL 086-282-4934
時 11:30～LO14:00、18:00～LO20:30（ディナーコースは要予約）
休 月曜、不定日曜
席 カウンター6席、テーブル12席
P 6台　C 可
予 予約可、ディナーコースは予約制
喫 禁煙
交 JR「妹尾駅」から徒歩15分

フレンチの伝統を忠実に追求した上質な逸品を気取らず味わえる

絶妙な火入れで美しく焼きあげた「仔羊のパイ包み」

フランス料理

Restaurant Francais L'Escalier《エスカリエ》

岡山市南区新保

２０１２年にオープンした「エスカリエ」。フランス語で「階段」という意味で、一段一段を大切に上るように成長し続けたいとの思いから名付けられた。シェフの八藤弘さんは「クラシックなフランス料理の真髄を堪能してほしい」と、濃厚なソースをベースにした伝統的なフレンチを追求する。「非日常を楽しんでもらいたいから、あえて地元の食材は使わない」と語り、その時においしいものを全国から仕入れている。

　シェフ自慢の一皿は、夜の「スペシャリテ」のメイン「仔羊のパイ包み」。高温で一気に焼き上げた後、じっくりと余熱を通す絶妙な火入れが難しく、独立したら必ず作る、とシェフが心に決めていたメニューだ。焦げ目の付いたパイと、ミディアムに焼き上げられた仔羊肉の見事なコラボレーションが味わえる逸品。トリュフをぜいたくに使ったソースで、心ゆくまで堪能して。

1 この日のスペシャリテの前菜は「フォアグラのテリーヌ・バルサミコソース添え」。料理が映える茜色の皿は、フランスの作家によるもの

2 打放しコンクリートのモダンな外観とは対照的に、店内は木のぬくもりが感じられる空間。夜はライトダウンして、落ち着いた大人の雰囲気に

3 愛媛産天然ヒラメのヴィエノワーズ。北海道産のアサリを添えて。紅芯(こうしん)大根をペーストにした、淡い赤紫色のソースが美しい

4 気がねなく仲間と過ごしたい方には、セパレートされたテーブル席がおすすめ。ソファもあるので、ゆったりと過ごせる

More Menu

ランチメニュー

コースDejeuner A 2,592円／
Dejeuner B 3,780円／
Specialite 4,860円（予約制）

ディナーメニュー

コースMaison 8,100円／Specialite 12,960円／
Degustation 17,280円（1週間前までの予約制）

Shop Data

Restaurant Francais L'Escalier

住 岡山市南区新保1611-1
ガラクシア・トーレ1階
TEL 086-239-9377
時 11:00～14:30、18:00～21:00
休 水曜
席 テーブル26席 P 7台
C 夜のみ可
予 夜は予約制
喫 禁煙
交 JR「大元駅」から徒歩15分

地元野菜がたっぷり味わえる
女性に人気の中華レストラン

あれもこれも食べられる大満足の「特選 華菜家セット」

中華料理

安心野菜の中華とオーガニックワイン 華菜家《はなや》

岡山市北区本町

緑豊かな西川緑道公園沿いに位置する「華菜家」は、岡山駅から徒歩5分とアクセスのいい中華料理レストラン。岡山県産の野菜をふんだんに使った料理が楽しめるとあって、特に女性客に人気のレストランだ。ランチはもちろん、記念日などにもピッタリの豪華なコースメニューが種類豊富に用意されている。フカヒレを丸ごと1枚煮込んだ「フカヒレの姿煮」や、クリームとオイスターソースで味わう「あわびの2色ソース」など、ちょっとぜいたくなメニューがセレクトできるのもうれしい。

テーブル席が並ぶ広いメインフロアのほか、中央通路をはさんで2～8名までの個室が3室あり、仕事帰りの飲み会や女子会などにも利用しやすい。隣接している自然派ワインの店「プレヴィナン」とも提携していて、世界中のおいしいオーガニックワインが楽しめる。是非ここぞという日に、おいしい食事と一緒にオーダーしてみて。

2

1

4

3

1 野菜とお肉をバランス良くヘルシーに食べられる、「華菜家自家製　黒酢の酢豚」。とろりと濃厚な黒酢が、素材に絡んでうまさを引き立てる

2 正面にワイン棚のある、広々としたお洒落なメインフロア。個室もあるので、子ども連れのママ会でも気兼ねなく利用できるのがうれしい

3 スープがたっぷり入った「華菜家名物　小籠包」は誰もがオーダーする人気メニュー。1個145円で追加できるので、好きな個数を注文して

4 グラス一杯から楽しめるオーガニックワイン。果実酒や紹興酒、カクテルも有り。ノンアルコールならジャスミン茶やライチ茶などもおすすめだ

More Menu

ランチメニュー

野菜たっぷり中華健康ランチ 850円／レディースセット 980円／スペシャルセット 1,080円／油淋鶏ランチ 820円／黄ニラらーめん 780円

ディナーメニュー

小籠包（4個） 580円／あわびの2色ソース 1,980円／牛ロースステーキ中華風黒胡椒ソース 1,890円

Shop Data

安心野菜の中華とオーガニックワイン 華菜家

住 岡山市北区本町8-15
TEL 086-224-8802
時 11:30～14:00、17:00～23:00
休 月曜
席 テーブル42席
P なし
C 可
予 予約可
喫 喫煙（煙が気になる方には席を考慮）
交 JR「岡山駅」から徒歩5分

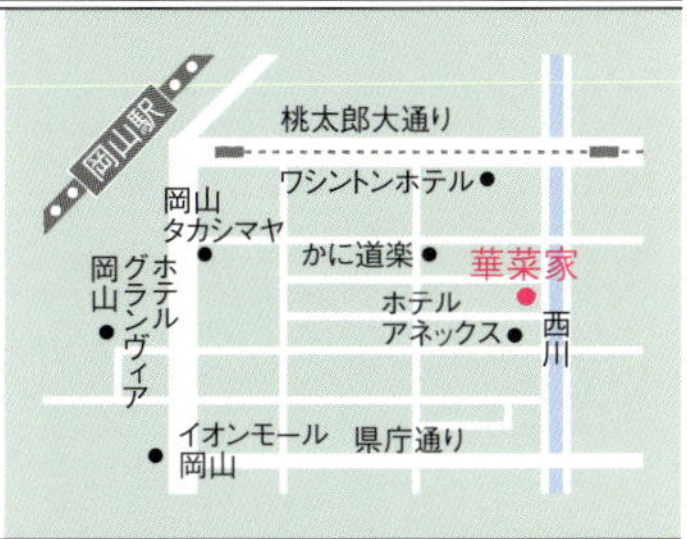

瀬戸内の素材を使った
シチリア料理に舌鼓

イタリア料理

シチリア島で長く愛されているマルサラ酒を使った「牛フィレ肉のステーキ マルサラソース」

ENOTECA OSTERIA 煉天地《れんてんち》

倉敷市阿知

１９７８年創業の老舗イタリアン。壁面にレンガをあしらった店内は、年月の経過とともに味わいを増し、どこか懐かしい空間となっている。

イタリア料理の中でもイタリア南部のシチリア地方の料理にこだわるのは、地中海の温暖な気候が瀬戸内海のそれと似ていて、魚介を使った料理が多彩であるため。バターではなくオリーブオイルを使用しているので、さっぱりとした口当たりが特徴だ。店主は今も、可能な限り年に1回のペースで現地を訪問。新しい料理と出合い、食材を仕入れて戻ってくる。

メニューはフォカッチーノをはじめソース類まですべて手作り。瀬戸内海産のサワラで作ったボッタルガ（カラスミ）は優しい味わいで、パスタとの相性も抜群。低温でじっくり加熱したジューシーな「牛フィレステーキ」や華やかな盛り付けのデザートなど、期待を裏切らない料理がそろっている。

1 ワインはイタリア産を中心にセレクト。ボトル3,240円～、グラスワイン750円～

2 どことなくイタリアのワイン酒場を思わせる店内。リラックスして料理を楽しみたい

3 シチリアの街の名前を付けたランチコース「パレルモ」。前菜、スープ、パスタ、メイン、デザートが味わえる充実の内容

4 ティラミスやジェラートなど、さまざまな味や食感を楽しめるデザート盛り合わせ

More Menu

ランチメニュー

ランチコース「パレルモ」 3,020円

ディナーメニュー

肉料理のコース 5,400円／牛フィレ肉のステーキ マルサラソース 3,020円／サワラのボッタルガと貝柱のリングイーネ 3,020円／ピザ（ベーコン玉子） 1,720円／パネッレ 750円／デザートの盛り合わせ 1,080円

Shop Data

ENOTECA OSTERIA 煉天地

住 倉敷市阿知2-19-18
TEL 086-421-7858
時 11:30～LO14:30、16:00～LO22:30
休 火曜
席 テーブル34席
P なし
C 可
予 予約可
喫 禁煙
交 JR「倉敷駅」から徒歩8分

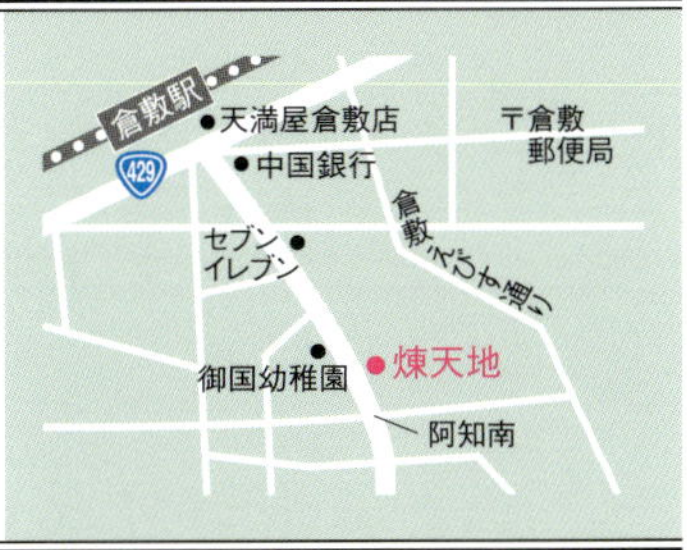

竹林庭園を愛でながら
丹精こもったイタリアンを満喫

自家製フォカッチャも秀逸な「パスタランチ」

イタリア料理

イタリア料理 星のヒカリ《ほしのひかり》

倉敷市中央

美観地区の中心にある『日本郷土玩具館』の隣、『備前焼専門店陶慶堂本店』脇の細い路地を抜けると、竹林庭園の広がる『くらしき宵待ちGARDEN』がたたずむ。その一角にあるのが、岡山市にあるイタリアンの名店「リストランテ・ステリーナ」の姉妹店「星のヒカリ」だ。

和食店での修業経験も持つ気鋭のシェフが振る舞うのは、その目利きを生かして仕入れた瀬戸内の魚介をはじめ、旬の食材を使った多彩な料理の数々。素材本来の味を生かした、繊細な味わいが幅広い年齢層から支持されている。客のほとんどが注文する「パスタランチ」は、ラザニアやニョッキなど生麺を使ったパスタと、魚介と季節野菜で作る乾麺を使ったパスタの両方が一度に味わえる、コース仕立てのメニューだ。夜には竹林がライトアップされ幻想的な雰囲気。舌の肥えたゲストをもうならせるおいしい料理と景観で心に残るひとときを。

1 鮮度抜群のサバを使った「白ワインビネガーで締めたシメサバ」864円。アルコールとともに楽しみたい一皿

2 1階席の他に、2階VIPルーム（要予約）があり小さな宴席や会合にも最適。窓の外に広がる竹林庭園は、日没からライトアップされ幻想的

3 絵画のような美しい盛り付けに目を奪われる「バーニャカウダ」。地元産の、約10数種の新鮮野菜を特製ソースで

4 丁寧な仕事が伝わってくる「仔羊の香草焼き」ジューシーな肉のうま味が口中に広がる。器の美しさにも注目したい

More Menu

ランチメニュー

パスタランチ 1,500円／ミニコース 2,800円

ディナーメニュー

コース（2種）4,104円、5,400円／
鮮魚のカルパッチョ 1,080円～／
仔羊の香草焼き 2,700円

Shop Data

イタリア料理 星のヒカリ

住 倉敷市中央1-4-22
「くらしき宵待ちGARDEN」西棟1・2階
TEL 086-425-7766
時 11:00～15:00（LO14:00）、
17:30～22:00（LO21:00）
休 火曜
席 1階14席、2階14席
P なし　C 可　予 予約可
喫 禁煙
交 JR「倉敷駅」から徒歩15分

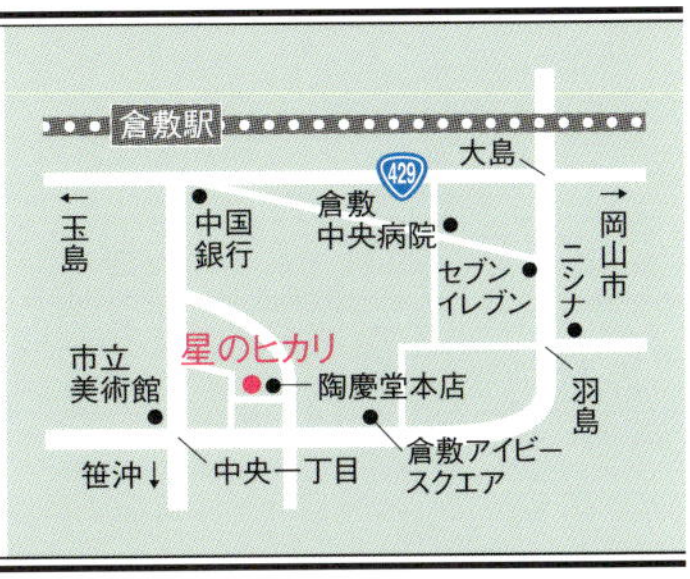

目が、舌が、五感が喜ぶ
丹精込めた芸術的フレンチ

「シェフの気まぐれランチ温野菜添え」＋「前菜セット」

フランス料理

レストラン Swan《スワン》

倉敷市中央

美観地区の中心をゆったりと流れる倉敷川。穏やかな流れをたたえる、その川のすぐほとりに建つ「Ｓｗａｎ」。創意あふれる本格フレンチを気軽に味わえるとあって、観光客はもちろん、地元リピーターたちで終日にぎわう。

「お客様に喜んでもらえるような料理を提供したい」との思いから作り出される料理は、どれもシェフの心意気を感じさせるものばかり。とりわけ、サワラやタラ、サーモンなど、旬の魚を使ったメイン料理が登場する「シェフの気まぐれランチ」は、ランチにはぜいたくすぎるほどのクオリティと評判。魚のうま味を存分に引き立てる特製ソースはもちろん、野菜それぞれの特性に合わせ調理法を変えるという、付け合わせの温野菜も秀逸で、高いリピート率を誇るのもうなずける。料理を愛するシェフが手間暇かけた、見た目にも鮮やかな料理の数々に、至福のひとときを満喫できること請け合いだ。

2

1

4

3

1 季節の野菜満載の「前菜」は日替わり。この日はコンソメジュレを詰めた「森林鶏のパイ包み焼き」が登場

2 木調の店内には、センスのいい絵画が多数。手触りのいいシートは座り心地抜群。外の喧騒を忘れてゆったりと過ごせそう

3 メイン食材はサワラ、タラ、サーモンなどが日替わりで登場する。それぞれ、調理法を変えてうま味を最大限に引き出した付け合わせ野菜も絶品

4 「倉敷代官ステーキ丼(温泉たまご付き)」1,080円。フォンドボーにしょう油、みりん、みそなどをブレンドした特製タレが絶妙にマッチする

More Menu

ランチメニュー

シェフの気まぐれランチ温野菜添え 1,380円／
前菜セット(オードブル仕立てサラダ+デザート) 780円／
ビーフステーキランチ 1,780円

ディナーメニュー

Swanディナー(要予約) 3,300円／
シェフおまかせディナー(要予約) 5,100円／
パスタタ食セット 2,380円

Shop Data

レストラン Swan

住 倉敷市中央1-10-13
TEL 086-434-8165
時 11:00〜21:00(LO19:30)
休 月曜(祝日の場合は火曜)
席 テーブル30席
P なし ※市営駐車場利用の場合割引チケットあり
C 不可　予 予約可
喫 禁煙
交 JR「倉敷駅」から徒歩15分

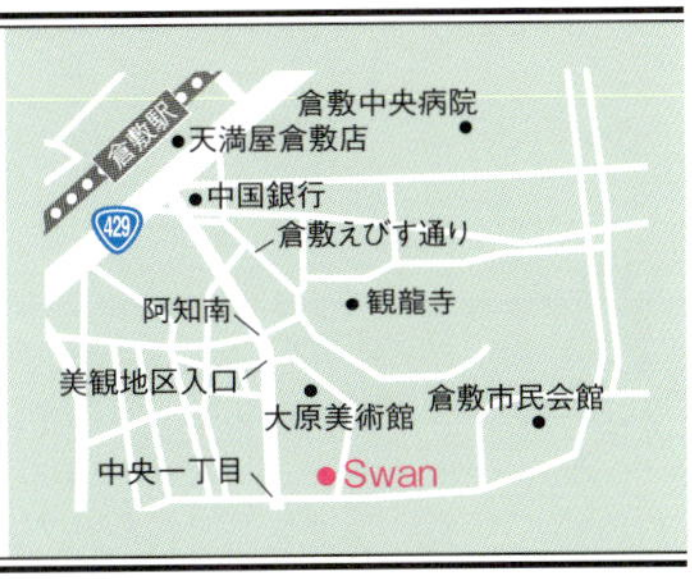

ゆったりと流れる川面を眺めつつ
季節香る絶品料理に舌鼓

日本料理

日替わりの「伝統の京ひろ定食」2,370円

割烹バル 京ひろ《きょうひろ》

倉敷市玉島

豊かな水をたたえた溜川の河畔に、隠れ家のようにひっそりとたたずむ「京ひろ」。

絶好の景観の中でいただけるのは、創業以来受け継がれてきた伝統的な日本料理と、洋のエッセンスを取り入れた創作料理の数々。そのどちらにも欠かせないのが、料理長自ら目利きして仕入れる鮮魚と、提携農家から仕入れる新鮮野菜。とりわけ、鮮度が落ちやすいサワラをしゃぶしゃぶで提供できる店は珍しく、これを目当てに遠方から訪れる客も多いのだとか。また、火柱を上げながら豪快に焼き上げる藁焼き料理も人気で、サワラの藁焼きや、ローストビーフは絶品。昼は「伝統の京ひろ定食」が人気。ハンバーグや牛スジ煮込みなどの肉料理と、海鮮鍋や焼き魚などの魚料理が日替わりで用意され、好みの一皿を選ぶことができる。晴れた日には開放感あふれるテラス席での食事もおすすめだ。地元で愛され続ける味をぜひ。

1 豪快に炙った人気の「藁焼き三種盛り」840円。メインのサワラのほか、カツオやトロサーモンなどの3種盛り。こだわりの岩塩で味わう

2 テーブル席のほか、テラス席、座敷個室席などがあり、大人数での各種宴会にも対応可。ゆったりと流れる川面を眺めつつ、リラックスした時を

3 「農園バーニャカウダ」1,050円。吉備中央町の契約農家直送の旬の野菜が7、8種類。濃厚なうま味の特製バーニャソースをたっぷりつけて!

4 「京ひろ桃太郎パンケーキ」1,050円。鉄分、ミネラル、食物繊維豊富なスーパーフードのキビを混ぜ込んだフワフワ食感のパンケーキ

More Menu

ランチメニュー

藁焼きローストビーフ丼 1,700円／牛のレアカツカレー 1,380円／黒酢のチキン南蛮 1,050円／お子様ランチ 1,080円

ディナーメニュー

鰆のしゃぶしゃぶ 1,290円／自家製カニクリームコロッケ 770円／伝統の出汁巻き卵 610円

Shop Data

割烹バル 京ひろ

- 住 倉敷市玉島1631-1
- TEL 086-526-3778
- 時 11:30〜14:00、17:00〜22:00
- 休 月曜(祝日の場合は翌日)
- 席 カウンター4席、テーブル(座敷、テラス含む)72席
- P 店舗前8台、第2駐車場9台
- C 可 予 予約可
- 喫 禁煙
- 交 JR「新倉敷駅」から車で7分

今注目を集めるのは地ビール&クラフトビール

水源に恵まれた岡山では、河川の伏流水を使用した地ビール造りが行われる。中でも、長年の酒造りから得た技術を生かして製造を行う、蔵元による地ビールは、地元産の酒米や特産のフルーツを原料にするなど、岡山ならではのラインナップだ。さらに、近年では県内各地でクラフトビールの醸造も行われ始めた。その土地で育てられた麦や、川の伏流水を使用した、地域の特長が際立つビールで人気を集めている。現段階では小規模な醸造所が多いものの、その分丁寧に手仕込みで造られるため、香りの高さや苦みの奥深さ、キレのあるのどごしなど、それぞれに個性が光る。ただし小規模なだけに、生産量は決して多くはない。店で見つけたら迷わず選んでみてほしい。

Category 4

カウンターは特等席

料理人の手さばきや、勢いのあるパフォーマンス、
店主との心地良い会話が料理を一層引き立てる。
特別な日こそカウンターを選びたい。

素材一つひとつの魅力を引き出す
こだわりの日本料理

素材の味を引き出す「吟のおまかせコース」6,480円

日本料理

錦と吟《きんとぎん》

岡山市北区柳町

カウンター席がメインの店内はしっとりとした照明で落ち着いた雰囲気。奥には4席分の小上がりがあり、友人との時間や、大事な客人を接待する場として親しまれている。

「食材の良さを生かしつつ、また生産者の想いを受け継ぎ伝えることは、調理をする者の責任」と話すのは、店主の柴田政年さん。岡山の地の食材を吟味して美しい織物のように紡ぐ「錦の料理」と、吟味した素材そのものを丁寧にいただく「吟の料理」とを位置付けて提供する。そのどちらもこだわりの備前焼の器に盛られ、美しい。また、店主自ら納得のいくものをセレクトした日本酒も、同じく備前焼で。それぞれの銘柄の原料となった米のワラで火だすきをかけたオーダー品で飲む酒は、ほかでは感じることのできない趣と格別な味わいとなるはず。カウンターで日本酒と料理をいただきながら店主と言葉を交わせば、人とのつながりを大事にしていることが伝わってくる。

2

1

4

3

1 どの食材にも生産者の想いとストーリーがある。仕入れた食材一つひとつに丁寧に手を加え、それらすべてを料理に織り込んでゆく

2 昼も夜も「錦のおまかせコース」を注文できるが、予約が必要。岡山の季節、食、酒、人、工芸をゆったりとしたカウンター席で心ゆくまで堪能して

3 岡山の地酒を試飲して納得のいくものだけを常時20～30種類用意している。中には、その季節しか味わえないものも。オーダーメードで作られた備前焼の酒器で味わうこともできる

4 鯛、ブリ胡麻汚し、サワラ、平貝貝柱、金目鯛に色とりどりのあしらいが盛り付けられた一品。器とのバランスはアートのように美しい

More Menu

ランチメニュー

昼御膳 ひとひら 1,944円／
おまかせ料理 錦 4,104円

ディナーメニュー

錦のおまかせ料理 4,104円／
吟のおまかせ 6,480円／
晴のおまかせ料理 10,800円～

Shop Data

錦と吟

住 岡山市北区柳町2-10-4
エバーグリーン柳町107 左ハシノハシ
TEL 086-289-6116
時 11:30～14:00（LO13:30）、
17:00～23:00（LO21:00）
休 日曜
席 カウンター6席、テーブル4席
P なし C 可
予 予約制 喫 禁煙
交 JR「岡山駅」から徒歩15分

四季を感じるイタリアン
和との融合で優しい味わい

彩りも鮮やかなズワイガニと菜の花のスパゲッティ。アクセントに黒七味が使われている

イタリア料理

MATSU《マツ》

岡山市北区天神町

桃太郎大通りから少し離れたところにひっそりとたたずむイタリア料理店。扉を開けるとカウンターの向こうでシェフが出迎えてくれる。その仕事ぶりを見ることができ、オーブンから出した料理をすぐにいただけると人気の同店は、予約するのがおすすめ。2階のテーブル席はグループでの貸し切りも可能。

食材は岡山のものを中心に国産品を使用。イタリアンをベースに、シェフが京都での修業中に出合った和の技法を随所に取り入れ、素材の持ち味を引き出した料理を提供する。食材への感謝の気持ちから、野菜の皮や魚の骨などはだしをとるのに使用。食材を余すことなく使い切ると同時に、食材と向き合い手間暇をかけることで、深い味わいを引き出している。味はもちろん、見た目の美しさ、香りなど五感で四季を楽しめるのが魅力だ。昼、夜のコースとも、一皿ごとにおすすめのワインを1杯からペアリングできるので気軽に声をかけてみて。

2

1

4

3

1 店内の装飾にもこだわりが光る。ガラスと金属のオブジェは、店名でもある松をイメージしたオーダー品

2 オープンキッチンがある明るい店内。カウンターに陣取ってシェフの話に耳を傾けるのも楽しい

3 古い梁が印象的な2階席は、10～14名の団体で貸し切りも可能。予算に合わせた飲み放題のプランもある

4 仕上げに炭火を使って香ばしさを際立たせた「岡山産ピーチポークの炭焼き」。付け合わせの大根のボッリートは透き通るような白さ

More Menu

ランチメニュー

昼のコース 3,240円～

ディナーメニュー

夜のコース 6,480円～／

ワインペアリング 4,320円～

Shop Data

MATSU

住 岡山市北区天神町9-11

TEL 086-206-2714

時 11:30~15:00（LO13:00）、
18:00~23:00（LO20:30）

休 月曜、火・水曜不定休

席 カウンター6席、テーブル14席

P なし C 可

予 予約可

喫 禁煙

交 岡山電気軌道「城下」電停から徒歩3分

四季を感じる日本料理
静かな丸の内の隠れ家

飾り切りが美しく、彩り鮮やかな日本料理

日本料理

日本料理 吉晶《きっしょう》

岡山市北区丸の内

岡山のオフィス街にひっそりとたたずむ名店。若草色の看板を目印に、高級感のある和モダンな建物ののれんをくぐると、奥行きのあるカウンターを中心にゆったりとした空間がひろがる。2階には個室が5部屋あり、丸の内という静かな環境で取引先との商談や会食にもぴったり。また、団体は最大で30名まで利用可能。親族の集まりや忘年会・歓送迎会など幅広く利用できるのがうれしい。

岡山の食材を中心に京都からも仕入れたこだわりの食材を使った料理はどれも、鮮やかに彩られ繊細な技が光り、日本の四季を感じつつ食を楽しむ甘美な時を過ごせる。そのクオリティの高さに、今の場所に移転する前から足繁く通う客が多いのもうなずける。さらに、カウンター越しに交わす店主との会話は楽しく、人を惹きつける魅力がある。本来なら教えたくない隠れ家的な存在なので、予約をして大人の時間を満喫して。

2

1

4

3

1 こだわりの食材を使用し、一つひとつ手間と暇を惜しまず作り上げている

2 接待はもちろん大切な人とのプライベートタイムにも利用できる広いカウンター席。日々の慌ただしさを忘れてゆっくりと過ごしたい

3 岡山城近くの隠れ家的存在。岡山を知り尽くした店主の温かいもてなしにリピーターが多い

4 彩り鮮やかで美しい盛り付けは、ほっと心を和ませる。日本の四季を感じさせる伝統の技と味を楽しんで

More Menu

ランチメニュー

ランチコース 3,000円、4,000円／
おまかせコース 5,940円～12,960円

ディナーメニュー

ステーキセット ロース80g 7,020円、ヒレ80g 7,560円
／おまかせコース 5,960円～12,960円

Shop Data

日本料理 吉晶

住 岡山市北区丸の内1-4-12-2
TEL 086-234-5445
時 11:30～14:00(LO13:30)、
17:00～22:30(LO21:30)
休 月曜、火曜AM
席 カウンター7席、テーブル30席
P 3台 C 可
予 予約可
喫 分煙
交 岡山電気軌道「城下」電停から徒歩5分

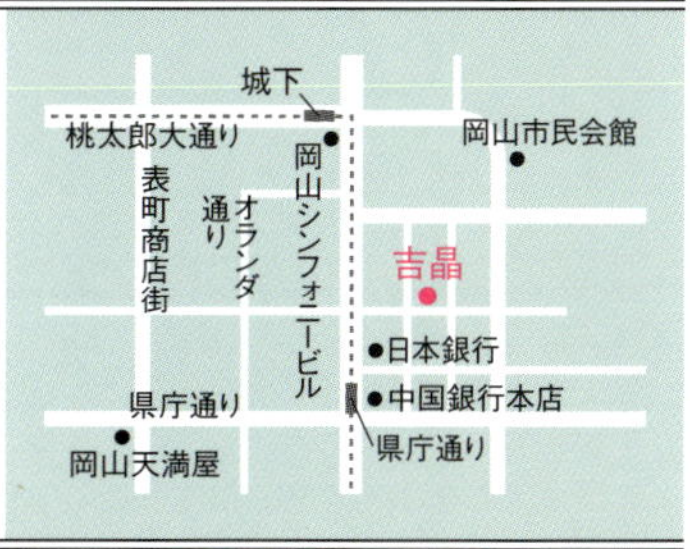

開放感あふれる店内カウンターで
小さなパリを満喫

一頭丸ごと仕入れたイノシシ料理は人気メニューのひとつ

フランス料理

ラ・ボンヌ・フランケット

La Bonne Franquette

岡山市北区表町

オランダ通りの南端にあるガラス張りでおしゃれなたたずまいの「ラ・ボンヌ・フランケット」。漆喰の壁とムク材にこだわった店内は、家具や花などの色使いがとても上品で落ち着ける。

席はカウンターの10席のみ。作りたて、熱々の状態でいただけるのは、瀬戸内の魚、イノシシなどの天然素材やフランスから仕入れるムール貝やチーズなどを使った料理の数々。昼・夜のシェフのおまかせコース、気軽なランチメニューがあり、さらにアラカルトもとても充実している。

この日いただいたのはアラカルトメニューから御津産イノシシバラ肉のトマト煮カレー風味。とろとろの食感で口に入れると溶けてしまうほどの柔らかさ。イノシシ肉特有のクセなどはまるで感じさせない逸品だ。他に仔羊のローストや魚料理を楽しみに訪れる人が多いそうだ。

気取らない料理とおいしいワインで、楽しいひと時をぜひ。

2

1

4

3

1 フランス料理のデザートとして有名なタルトタタンは、食後にコーヒーと一緒にいただきたい一品だ

2 「仲間と過ごす楽しいひと時」という意味の店名通り、時を忘れて会話を弾ませ、おいしい料理に舌鼓を打てるとっておきの空間

3 岡山を知り尽くしたシェフが“岡山の小さなパリ”を演出。料理に合うワインがそろっているのでぜひ一緒に味わいたい

4 クリーミーな白子とホワイトソースが絡み合う、熱々の「白子のグラタン」1,512円。濃厚な味わいとふわりとした食感が人気

More Menu

ランチメニュー

日替わりのランチメニュー 2,160円～／
おまかせコース 4,320円～

ディナーメニュー

おまかせコース 4,320円～

Shop Data

La Bonne Franquette

住 岡山市北区表町3-10-57
TEL 086-221-7077
時 11:30～15:00(LO14:00)、18:00～23:00(LO22:00)
休 水曜
席 カウンター10席
P なし C 不可
予 予約可
喫 禁煙
交 岡山電気軌道「西大寺町」電停から徒歩2分

磨きあげた感性で四季を表現。
繊細な技を堪能できる日本料理店

夜懐石6,500円から。献立は3週間ごとに替わる

日本料理

日本料理 あおい《あおい》

岡山市中区中納言町

金沢や岡山の料亭で修業を積み、在イタリア日本国大使館で公邸料理人を務めた店主・古家達洋さん。「頃合いを見計らいながら、一番よいタイミングで料理を提供したい」と、厨房を囲むカウンター席のみの店を２０１０年に開いた。献立は3週間ごとに替わり、「休日に京都や金沢で器を探すのが趣味」と話す店主の盛り付けを目当てに通う客も多い。

この日の夜懐石の八寸は、大豆とひじきの含め煮や赤こんにゃく、茶ぶりナマコ、サバの南蛮漬け、あん肝などの繊細な料理の数々が豆皿に盛られ、暦や旬を意識した食材が選ばれている。また、「岡山は旭川や高梁川、吉井川など河川に恵まれている。ここで育つ川魚の魅力を知ってほしい」と、川魚専門店からモロコや小ブナを仕入れて提供している。川魚特有のクセを全く感じさせない、下ごしらえの妙技はさすがだ。上品な味わいを堪能して。

2

1

4

3

1 金沢の大樋焼の器に盛られた「鯛と鰆の焼霜造り」。強火で焼き目をつけることで香りが立ち、うま味のある皮目を味わえる

2 大きな窓から陽が差し込む明るい店内。ゆったりと席が配置されたカウンター席は、店主の細やかな職人技を目の前で楽しめるのが魅力

3 この日の川魚は寒バエの甘露煮。他は、ゆり根の擬製豆腐、つぼみ菜のおかき揚げ、金時人参の梅煮、芽キャベツの含め煮、南京の茶巾絞りなど

4 煮物椀は日生産カキのしんじょう。刻んだカキを白身魚のすり身に混ぜたものと、カキとホウレン草を練り込んだものの二層。青味大根を添えて

More Menu

ランチメニュー

松花堂弁当 2,200円／昼懐石 3,800円

ディナーメニュー

懐石料理 6,500円（当日正午までに要予約）／

懐石料理 8,500円、10,500円（前日までに要予約）

Shop Data

日本料理 あおい

住 岡山市中区中納言町5-9
レナジア中納言1階

TEL 086-272-5066

時 11:30～14:00（LO13:30）、
18:00～21:30（LO20:00）

休 月曜 席 カウンター9席 P 4台

C 不可

予 昼は予約可、夜は予約制（当日正午まで）

喫 禁煙

交 岡山電気軌道「中納言」電停から徒歩3分

食材の魅力を引き出す
本格派の中国料理

美しく繊細に盛られた料理は、目でも楽しめる

中国料理

中国料理 はすのみ《はすのみ》

岡山市北区平和町

中国で食用とされることが多いハスの実は、小さな種子に大きなパワーを秘める。「そんなエネルギーをもった店にしたい」という想いのもと、２０１０年にオープンした中国料理「はすのみ」。有名中華料理店「麻布長江 高松本店」（現「長江ＳＯＲＡＥ」）で6年間、料理長を務めたオーナーによる本格的な中国料理がコースで楽しめる。

この日の主菜は「伊勢エビの炒め煮」「フカヒレの姿煮」「和牛の四川唐辛子焼」という豪華な3品。前菜には岡山パクチーなど地元食材も使われるが、こちらでは産地よりも、生産者とのつながりを重視して食材を選んでいるそう。「丹念に育てられた食材を、料理人としての経験と技術を生かしておいしく調理したい」と、生産者の顔が見えるものや、自然に育てられたものを使い、料理を通して生産者の想いを届ける。一皿ずつゆっくりと味わいながら、ぜいたくなひと時を過ごしたい。

2

1

4

3

1 体に優しい「季節の養生スープ」。東洋医学の理論に基づいて選ばれた、季節の食材が使われる

2 中国料理ならではの火力や、料理人の手さばきが間近で見られるカウンター席。ライブ感を満喫して

3 ふわっと蒸し上がったサワラに、岡山パクチーと揚げニンニクのソースをのせて。ソースのアクセントを楽しみたい

4 日本酒、ワインを中心に豊富にそろうアルコール。オーダーすれば、料理とのペアリングを考えた一杯を提案してくれる

More Menu

ディナーメニュー
コース料理 8,100円、10,800円

Shop Data

中国料理 はすのみ

住 岡山市北区平和町1-11
TEL 086-238-8403
時 18:00～21:30
休 火曜
席 カウンター9席、テーブル8席
P なし
C 可
予 予約が望ましい
喫 禁煙
交 JR「岡山駅」から徒歩10分

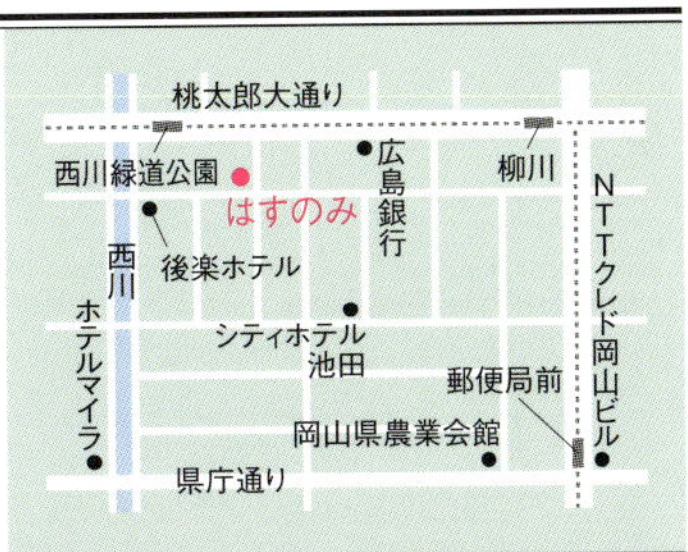

本格的な手打ちそばを和モダンなバー空間で

まずは何もつけずにそば本来の味を楽しんで

日本料理

sobabar《そばばー》 水谷《みずたに》

岡山市北区田町

　岡山でそばの名店として知られる「そば処　水谷」が２０１８年７月、満を持してオープンさせたそばバー。バーとはいえ、提供されるのは、長年小料理屋を営んでいた店長が一つひとつ素材を吟味して手作りする料理ばかり。季節の野菜や旬の魚、肉など、全体のバランスを考えながら8、9種類が用意される。味付けも、だしやしょう油を使った和風のものからオリーブオイルやバターを使った洋風のものまでバリエーション豊富にそろう。

　そばはもちろん、「水谷」と同じもの。富山産のそばを石うすで細かいものと粗いものの2通りに挽いてブレンドし、その日の午後に打ったばかりの手打ちそばだ。おすすめはなんといっても「もりそば」。絶妙なタイミングでゆで上げ、冷水でキリリと締めたそばは、歯ごたえ、のど越しともに申し分ない。ダウンライトに照らされたシックな店内で、大切な人と肩を並べてじっくりと味わいたい。

2

1

4

3

1 「タコのイタリアンサラダ」「サバの竜田揚げ」「いぶりがっこと魚肉ソーセージと新じゃがのサラダ」の盛り合わせ。「そば屋の玉子焼」も一緒に

2 長年厨房に立ってきた店長との会話を楽しんだり、職人がそばをゆで上げる様子を眺めたり、思い思いの時間を過ごしたい

3 店の奥にはテーブル席も。個室になっているので会食にもおすすめ。うまいそばをすすりながら相手との距離を縮めよう

4 カウンターには「本日の一品」がズラリ。料理の詳細を店長に確認しながら、好みのものをチョイスできる

More Menu

ディナーメニュー

もりそば 900円／おろしそば 1,000円／かけそば 900円／そば屋の玉子焼き 700円／そば屋の玉子焼き（ハーフ） 350円／本日の一品 700円～

Shop Data

sobabar 水谷

- 住 岡山市北区田町1-12-4
- TEL 086-206-6727
- 時 18:00～24:00
- 休 水曜（祝日の場合は翌日）
- 席 カウンター9席、テーブル8席
- P なし
- C 不可
- 予 予約可
- 喫 喫煙
- 交 岡山電気軌道「田町」電停から徒歩5分

上質素材と真摯に向き合う、
職人のこだわりが詰まった品々

8〜10品が並ぶ「今日のおまかせ料理」。予約がおすすめ

日本料理

鮨屋 ひがし田《ひがしだ》

倉敷市阿知

地元で愛され続けている寿司の老舗。２０１６年春に移転リニューアルをし、客との距離が近いカウンター席を中心とした店に生まれ変わった。しかしながら、この道30余年の店主が真心こめて作り出す品は、上質素材へのこだわりはもちろん、値段設定さえも開店当初から変わらないというから驚かされる。

「今日のおまかせ料理」は、自身で買い付けてきた新鮮な野菜、信頼のおける昔なじみの魚店から仕入れた瀬戸内の鮮魚を使って、その日一番のごちそうをおなかいっぱい楽しませてくれるコース。サワラや鯛、シマアジやヒラメなど豪華な顔ぶれが並ぶ「お造り」に、上質素材が堪能できる「穴子の押し寿司」、エビやゆり根など多彩な具を山芋で包んで蒸し、あんをかけて仕上げた「とろろ蒸し」など、8〜10品が並ぶ充実の内容。また、旬菜をふんだんに使って手作りする和のモーニングも好評。

2

1

4

3

1 なまこ壁をイメージした壁に格子戸など、倉敷の伝統を感じる玄関。風情あるたたずまいに、これから味わう料理への期待が高まる

2 カウンター上の重厚な備前焼の陶板をはじめ、店主夫妻が選りすぐった調度品や器が並ぶ店内。落ち着いた上質な雰囲気が心地よい

3 名物「穴子の押し寿司」1,404円は単品でも注文できる。上質素材ならではの肉厚な身は、ふくよかな甘み、やわらかな食感が格別

4 寄島港で揚がった新鮮なシャコのうま味と、程よい弾力を堪能できる「しゃこの浜ゆで」1,080円も人気の高い一品

More Menu

モーニングメニュー

和モーニング 800円

※モーニングは水～土曜のみ

ディナーメニュー

今日のおまかせ料理 5,400～8,640円／にぎり寿し盛合せ 1,944円／一品料理 864円～／揚げ物 864円～／旬の刺身盛合せ 1,944円～

Shop Data

鮨屋 ひがし田

- 住 倉敷市阿知2-6-27
- TEL 086-427-2248
- 時 9:00～12:00、17:30～22:00（LO21:00）
  ※火曜は夜のみ営業
- 休 日・月曜
- 席 カウンター9席、テーブル6席、2階座敷8席
- P なし　C 不可
- 予 予約可
- 喫 禁煙
- 交 JR「倉敷駅」から徒歩5分

旬をとらえた日本料理を
目と舌でぜいたくに味わって

日本料理

今川オリジナルの「和心豆腐」など定番料理も並ぶ和心懐石

日本料理 和の心《わのこころ》 今川《いまがわ》

倉敷市阿知

美観地区の〝入口〟近くに店を構える「今川」。白壁に木の縦格子と重厚な扉が美しく映える端正な店先は、一見、敷居が高い印象だが、一歩店内に入ると、ジャズが静かに流れる和モダンな空間。京都の料亭で日本料理の伝統を学び、鳥取の老舗旅館で四半世紀にわたり料理長を務めた店主の今川照雄さんが、温かく出迎えてくれる。

提供されるのは、瀬戸内や日本海の魚をはじめとする食材を店主が長年の目利きで厳選し、持ち味を生かした料理の数々。特に懐石は、「どの料理も主役」との思いから、すべて店主渾身の一品が並ぶ。

また、日本料理は季節感が命だが、こちらでは〝少しだけ〟旬を先取りするのがモットー。「筍を食べれば〝春はもうすぐ〟、ハモを食べれば〝夏が近い〟。うちの料理を通じてそんなふうに感じてもらえたらうれしい」と店主。盛り付けにも季節の花をあしらうなど、こまやかな心配りがうれしい限りだ。

2

1

4

3

1 うるいの胡麻和えや筍の木の芽和え、イイダコとベイカの煮物などが並ぶ前菜。あしらいの三色団子もグリーンピースやゆり根、卵を使った手作り

2 カウンター中央に据えられた大きなまな板は、まるで料理人の“ステージ”。店主の鮮やかな包丁さばきをじっくりと見ることができる

3 盛り付けだけでなく器選びにもこだわりを持つ店主が各地を歩き、収集した器の数々。中には、柿右衛門や廬山人などの“写し”もある

4 天然鯛、サワラ、車エビ、マグロをぜいたくに盛った刺身、土鍋で炊いた甘鯛と筍の炊き込みご飯、鯛のすり身とエビ、筍の吸い物。いずれも店主のこまやかな技が光る

More Menu

ランチメニュー

雅御膳 1,950円

ディナーメニュー

和心懐石 6,000円～（要予約）／
時季の造里 時価／
一品料理 750円～

Shop Data

日本料理 和の心 今川

住 倉敷市阿知2-22-17
TEL 086-434-2557
時 11:30～14:00（LO13:30）、17:30～22:00（LO21:00）
休 火曜
席 カウンター6席、テーブル26席、座敷16席
P なし C 可
予 予約可 喫 禁煙
交 JR「倉敷駅」から徒歩5分

老舗の技が詰まった本格寿司と郷土料理を肩肘張らずに堪能

「上にぎり 10個入り」1,728円。季節の魚介は日替わりで

日本料理

福寿司《ふくずし》

岡山市北区奉還町

1956年に創業した郷土料理と寿司の名店で、現在は3代目がのれんを守る。ネタは瀬戸内海で水揚げされた新鮮な魚介を中心に、春の菜の花、夏のミョウガなど、季節感を大切にした食材を厳選し、シャリは粘りが強く香り高い岡山県産きぬむすめを使用。店主が丁寧に握る寿司は、1貫から寿司定食までと幅広く、良心的な価格で楽しめるのも魅力のひとつだ。

また、サワラを使った一品料理も同店の自慢で、「さわらのひしお」や「鰆のからすみ」など素材の持ち味を生かした約15品がお目見えする。中でも人気なのが、3代目が考案した「名物わら丼（さわら丼）」。むっちりとした肉厚のサワラはとろけるような食感で、その上品な甘みとうま味を楽しめるようにとしょう油ベースの甘辛ダレを直前に絡めて提供する。そんな、老舗の技と心意気が随所に感じられる料理の数々は、いずれ劣らぬ逸品ぞろい。芳醇な地酒とともに心ゆくまで堪能したい。

1 「名物わらどん(さわら丼)」1,620円。厚めにカットされたサワラの香りや食感を楽しめるようにと、タレは食べる直前に絡めて提供する

2 落ち着いた空間の1階には、カウンター席とテーブル席がある。2階は個室の座敷があり、団体でも利用できる

3 職人技が光る「鰆のからすみ スライス3枚」756円は、地酒「純米吟醸酒 温羅」(300ml) 1,620円と一緒に味わいたい

4 旬のネタを店主が流れるような手つきで握る。カウンター席から、その熟練の技を眺めるのもいい

More Menu

おすし・定食・コースメニュー

特上にぎり 2,700円／岡山ちらし 2,160円／さわらずし 1,620円／お刺身定食 1,080円／岡山コース 5,940円(予約制)／おまかせ会席コース 4,860円(予約制)

単品メニュー

お刺身 盛合わせ 1,080円／酢の物 ままかり 972円／さわらのひしお 540円

Shop Data

福寿司

- 住 岡山市北区奉還町2-16-17
- TEL 086-252-2402
- 時 11:00〜14:30(LO14:00)、17:00〜21:00(LO20:30)
- 休 月曜、第3火曜
- 席 カウンター7席、テーブル12席、座敷36席
- P 2台 C 可
- 予 予約可
- 喫 禁煙
- 交 JR「岡山駅」から徒歩6分

ユニークな種類が続々登場
焼酎&リキュール

蔵元が多い岡山では日本酒の人気が根強いものの、一風変わった焼酎やリキュールも一目置かれる存在だ。例えば、かつてハッカの一大産地だった岡山では、２０１０年頃に自生しているハッカが再発見されたことから、それらを原料にした焼酎が誕生した。甘い香りとすっきりとした飲み口は、味の濃い料理とも相性抜群で人気を博す。

また、岡山では果物の栽培が盛んであるため、それらを原料にしたリキュールも豊富にそろう。果物以外にも岡山県産「桃太郎トマト」や鏡野町奥津産の唐辛子など、土地の食材を原料にした変わり種も誕生している。酒を通して、土地の歴史や特産品などを知るのもまた、新たな楽しみ方のひとつ。ぜひ、岡山ならではの料理と合わせて堪能したい。

写真協力：矢掛薄荷蒸留所

Category 5

こだわり食材のスペシャリテ

特定の食材にこだわって作られた、

渾身の一皿を贅沢にいただく。

他店では味わえない逸品を堪能して。

れんこんと旬魚のお刺身。シャキシャキの食感が美味

情緒あふれる空間でいただく れんこん尽くしの本格日本料理

The Special
・こだわり食材・

れんこん

シャキシャキした食感とあっさりした味が特徴。あらゆる食材や調理法と好相性で、「穴から先が見通せる」という縁起の良さから慶事の料理にも重宝される。慈恩精舎では、倉敷市連島産のれんこんを使用。

日本料理

慈恩精舎《じおんしょうじゃ》

岡山市中区米田

百間川沿いの静かな立地にたたずむ「慈恩精舎」。浄土真宗本願寺派の僧侶である女将が、仏教の精神に基づいた心づくしの日本料理と、食を通じた和のもてなしを提供したいと30余年前に創業。れんこん料理と精進料理を主にした本格和食が幅広い人気を集めている。

コース内でふんだんに使われているれんこんは、甘みが強く柔らかいとされる倉敷市連島産のものを使用。煮る、蒸す、すりおろすなどの調理法によってシャキシャキ、もっちりなど食感の七変化を楽しめる。あっさりとした風味が食材の良さをうまく引き出し、和の繊細な味をさらに深める。

れんこん以外にも、産地直送の野菜や毎朝市場で仕入れる鮮魚、地元の朝日米などすべての食材にこだわり、体に優しくおいしい料理を追求している。純和風の広い店内や四季の植物が彩る庭先など、和の趣あふれる空間も格別。慶事や記念日の会食にも最適だ。

2

1

4

3

1 デザートは、れんこんの蜜煮と餡が入った素朴な甘さのれんこん最中、さっぱりした口どけのれんこんアイス、れんこん茶の小菓子セット

2 程よい広さに仕切られた居心地の良い和室は、窓から新緑や紅葉など四季折々の風情を楽しめる。テーブル席でゆったりくつろいで

3 岡山産のニラとアスパラ、すりおろしたれんこんを豚ロースで巻いて揚げた「れんかつ巻き」。れんこんのねばりと風味が素材を引き立てる

4 季節ごとの旬魚やエビを使い上品な味に仕上げた「てまり寿司」。花形に飾り切りされたれんこんが盛り付けに華を添え、女性や子どもにも人気

More Menu

コース・会席メニュー

蓮の花～舞～(9品) 1,860円(白ご飯)、2,100円(炊込みご飯)、2,500円(寿司)／
天女の蓮(12品)3,240円／
菩薩の蓮(14品)4,320円／
浄台の蓮(15品)5,500円／
精進料理(13品)5,400円 ※1週間前までに予約／
お子さま会席 1,400円

Shop Data

慈恩精舎

住 岡山市中区米田26-5
TEL 086-278-1555
時 11:00～15:00(LO14:00)、17:00～21:00(LO19:00)
休 月曜 ※祝日は営業、翌日休
席 テーブル64席 ※調整可能
P 20台 C 可
予 予約可、土・日曜は予約優先
喫 禁煙
交 JR「東岡山駅」から車で約5分

見事な庭園も〝ごちそう〟！ 気鋭の店主が創出する新感覚そば

2種類のそばが楽しめる「和コース」5,400円

The Special
・こだわり食材・

［ そば ］

武野屋では、主に蒜山産のソバを使用。水源に恵まれ、夏と冬の寒暖差の大きい環境で栽培される蒜山産のソバは、香り高く風味豊かで、コシの強い麺に仕上がる。

日本料理

トラットリア自家製蕎麦 武野屋《たけのや》

倉敷市阿知

美観地区からほど近い、住宅街の路地を入った一角。手入れの行き届いた見事な日本庭園を進むと、築150年以上の風情ある白壁の屋敷が目に入る。当時の面影を残した和モダンな店内は、初めてでもどこか懐かしさを感じさせる空間で居心地が良い。

京都の料亭をはじめ、名だたる名店で修業を積んだ店主が、〝若い人や女性にもそばの魅力を広めたい〟と、「イタリアン」と「そば」を融合させた新感覚メニューを考案した。トマトソースやクリームソースなどで味わうそばは、単に物珍しいだけではなく〝新たなそば文化の幕開け〟といえるほど！ 蒜山産と信州産を独自にブレンドし、厚みや幅を変えて何百回もの試作を繰り返してたどり着いたという三種類の麺を、メニューによって使い分けている。もちろん、定番のそばメニューやコース料理も充実。白壁の街並みを散策後、大切な人とともに訪れたい特別な一軒だ。

1 「名代自家製ローストビーフ」1,706円。和牛一頭分のモモ肉を使った、採算度外視の一品。ジューシーな肉のうま味が広がる

2 歴史を重ねた風合いと、木の温もりを感じる店内。窓越しに見える庭園は、夜間にはライトアップされ、昼とは違う幻想的な雰囲気に

3 ランチセットの「モッツアレラチーズとナスのトマトソースのおそば」1,490円。サラダ、バケット、デザート、蕎麦茶がセットで

4 洋風から和風まで、種類豊富な創作そばが楽しめる。ここにしかない味を求めて店内は終日にぎわう

More Menu

ランチメニュー

有機トマトとホタテのジェノベーゼのおそば（温）セット1,490円／鬼おろし角煮のおそば（温）1,382円／黄ニラの卵とじのおそば（温）1,166円

ディナーメニュー

和コース（3種）4,320円～6,480円／洋コース（3種）4,320円～6,480円

Shop Data

トラットリア自家製蕎麦 武野屋

- 住 倉敷市阿知3-18-18
- TEL 086-441-2983
- 時 11:00～14:00、17:00～22:00
- 休 水曜
- 席 カウンター12席、テーブル50席
- P 7台
- C 不可
- 予 予約可
- 喫 禁煙
- 交 JR「倉敷駅」より徒歩7分

創業70年以上の老舗タコ料理店で下津井の味覚を堪能する

The Special
こだわり食材

[下津井ダコ]

古くからタコの水揚げが盛んな下津井。潮流が速い瀬戸内海で育ったマダコは、身が引き締まり、うま味が凝縮されている。タコの足を広げて寒風に晒す「干しダコ」の光景は、下津井の冬の風物詩。

吸盤付きの「たこぶつおどり」を豪快に

日本料理

元祖たこ料理 保乃家《やすのや》

倉敷市下津井

タコ漁が盛んな下津井で、1946年に創業したタコ料理専門店。タコを扱う飲食店としては下津井で一、二を争う歴史を持ち、地元客はもちろん、全国から足繁く通うファンが多数。最近では、海外からの客も増えている。

こちらでは下津井産のマダコを生の刺身で、揚げて、茹でて、とさまざまな料理で堪能できる。中でもぜひ味わってほしいのが、いけすから取り出されたばかりのタコを、そのまま刺身でいただける「たこぶつおどり」。皿の上で踊る吸盤付きの刺身は、かむほどにあふれるタコのうま味と、プリプリの食感がたまらない。飯物はその日の仕入れ状況に合わせて、「たこ飯」「真子ご飯」「たこのそぼろご飯」のいずれかが用意される。他店ではなかなか味わえない珍味に舌鼓を打つに違いない。仕入れ状況によって、メニューや営業日が変わる可能性があるので、事前に予約をしてから訪れて。

1 タコの真子を丁寧に裏ごしして蒸し上げた「まこしんじょう」。ふわっとした口当たりは、子どもにも大人気

2 目の前でダイナミックな包丁さばきが見られるカウンター席。タコを知り尽くした店主との会話も楽しい

3 タコの食感が楽しめるそぼろご飯は、甘辛い味付けに箸が進む。タコ・白身魚・エビをつみれにしたみそ汁と合わせて味わいたい

4 保乃家秘伝の三杯酢で味付けされた「いぼ酢」。タコの身・真子に加え、運が良ければタコの子も入る、人気の一品

More Menu

コースメニュー

名物たこ料理コース 6,400円

単品メニュー

たこぶつおどり 3,000円／たこからあげ 3,000円／いぼ酢 1,500円／まこしんじょう 600円／たこめし 1,000円／たこのつみれ汁 600円

Shop Data

元祖たこ料理 保乃家

住 倉敷市下津井1-9-33
TEL 086-479-9127
時 11:00～21:00
休 水曜(祝日の場合は翌日)
席 カウンター11席、テーブル32席
P 10台
C 不可
予 予約が望ましい
喫 禁煙
交 JR「児島駅」から車で約15分

素材の持ち味を引き出し華やかに彩られた一皿を

黒コショウの効いた赤ワインソースでいただく「鹿肉のポワブラード」

The Special
・こだわり食材・

【 ジビエ 】

11月から2月にかけて狩猟が解禁される、限られた期間にしか味わうことのできない食材。独特のクセを生かしつつ、赤ワインやコショウなどを使ってシンプルな料理に仕上げるのがフレンチの醍醐味。

フランス料理

フランス料理 Premier《プルミエ》

倉敷市中央

　下津井出身、この道30年のシェフが腕を振るう。下津井や寄島から取り寄せる瀬戸内の魚介、県内産の黒毛和牛、地産地消を目指して仕入れる野菜などを、彩り鮮やかな一皿に仕立てる。手づくりにこだわり、ベーコンやスモークサーモンもすべて自家製。フランス産の鴨のうま味を閉じ込めた「鴨のロースト」、絶妙な焼き加減の「牛フィレのステーキ」、燻した後にオーブンで焼き上げたウナギ料理など、提供される料理の数々はシェフの技とアイデアが光るものばかりだ。また、新鮮な下津井産のガラエビをオーブンで焼き上げ、だしをとった「ビスク」は同店の〝名物〟ともいえる逸品。甘みとうま味が凝縮したコクのあるスープは、ぜひ味わっておきたい。

　「ワイン片手にアラカルト料理を一皿から気軽に楽しんでほしい」と2年前に改装しカウンター席を増設。仕事帰りにもふらりと立ち寄り特別な時間を過ごせそうだ。

2

1

4

3

1 ワイン好きを自負するシェフが厳選したフランスワイン。20年ものの銘酒がそろう。中には澱（オリ）がたまっているものも

2 白を基調にしたスタイリッシュな店内。落ち着いた照明が、ゆっくりと食事を楽しめる和やかな雰囲気を醸し出す

3 8種類の前菜が楽しめるコースの「前菜盛り合わせ」。この日は和牛のパテやマテ貝のサラダ、貝柱のカルパッチョ、寄島のシャコなどが並んだ

4 フランス・バスク地方バイヨンヌの生ハムは、シェフ自らがテーブルで切り分ける。料理やワインについて話が弾む瞬間だ

More Menu

ランチメニュー

ランチコース 1,750円、2,800円

ディナーメニュー

ディナーコース 4,000円、5,400円／
鴨のスモーク 1,620円／
牛フィレ肉のステーキ 1,620円／
ビスク 650円

Shop Data

フランス料理 Premier

住 倉敷市中央1-5-13
TEL 086-422-3600
時 11:30～LO14:30、17:30～LO21:00
休 水曜
席 カウンター6席、テーブル24席
P 4台
C 不可
予 予約可
喫 禁煙
交 JR「倉敷駅」から徒歩15分

【な】
西川荘 …… 44
娘娘 …… 60

【は】
はしまや …… 20
はすのみ …… 106
八間蔵 …… 32
華菜家 …… 84
ひがし田 …… 110
VIGNETTE …… 48
福寿司 …… 114
藤ひろ …… 40
ふや平 …… 26
Premier …… 124
PESCE LUNA …… 28
星のヒカリ …… 88

【ま】
MATSU …… 98
Matsumura …… 10
MARU …… 46
MIZUOCI …… 42

【や】
保乃家 …… 122
山部 …… 62

【ら】
La Bonne Franquette …… 102
Repondre Haruya …… 24
Lionni …… 66
煉天地 …… 86

【わ】
和の心 今川 …… 112

【あ】

あおい …… 104
al bacio …… 76
一扇 …… 54
il ViLLaGgIo …… 80
L'Escalier …… 82
essere cucina italiana …… 36
O'GUSTA …… 72

【か】

きたかど …… 18
吉晶 …… 100
キャンドル卓 渡邉邸 …… 14
京ひろ …… 92
錦と吟 …… 96
Croissance …… 52
廣珍軒 …… 74
小むら …… 78

【さ】

桜川 …… 50
桜草 …… 22
慈恩精舎 …… 118
Swan …… 90
仙太鮨 …… 30
sobabar 水谷 …… 108

【た】

武野屋 …… 120
多幸半 …… 58
椿 …… 70
天婦羅たかはし …… 56

Staff

［編集・製作］
株式会社ワード
岡山市北区中山下 1-11-15　新田第一ビル 2 階
http://word-inc.com

［編集・取材・撮影・執筆］
石井真衣子・上田美知野・苅田朋子（以上ワード）
森昌史・井手口陽子・橘春花（以上フォレスト）
楳溪奈美・大角美由貴・堤保代・野中千春・溝口仁美

［Design・DTP］
村井良平（ワード）

岡山・倉敷　こだわりの美食GUIDE
至福のランチ&ディナー

2019 年 4 月 15 日　第1版・第1刷発行

著　者　Word inc.（わーどいんく）
発行者　メイツ出版株式会社
代表者 三渡　治
〒102-0093 東京都千代田区平河町一丁目1-8
TEL：03-5276-3050（編集・営業）
03-5276-3052（注文専用）
FAX：03-5276-3105
印　刷　三松堂株式会社

ご意見・ご感想はホームページから承っております。

メイツ出版ホームページアドレス http://www.mates-publishing.co.jp/

編集長：折居かおる　副編集長：堀明研斗　企画担当：堀明研斗